BTS Français

Thème 2022-2023

Dans ma maison

Sébastien Clerc

Professeur de culture générale en BTS,
de français et d'histoire-géographie
en bac professionnel.
Auteur de manuels et de plusieurs ouvrages
au sujet de l'enseignement.

Bréal
by Studyrama

Imprimé en France par Evoluprint
31151 Fenouillet Cedex
ISBN 978-2-7495-5087-9

Sommaire

Avant-propos

Ah, notre habitation, nous en avons, par la force des choses, beaucoup profité ces dernières années, ce qui n'empêche pas certains d'entre nous d'en redemander. « Dans ma maison », tel est le thème de la culture générale en BTS pour 2022-2023. Nous verrons que ce sujet recèle des dimensions très riches et diverses : historiques, sociologiques, philosophiques, artistiques, politiques et même psychanalytiques !

Comment définir, tout d'abord, la maison ? Le terme désigne le bâtiment formé de quatre murs au moins et d'un toit où habitent une personne seule, un couple, une famille, ou d'autres types de collectifs. Si dans le langage habituel on parle plutôt d'un appartement quand on considère les différents lots d'un immeuble, notre sujet, lui, *inclut* bien les appartements. D'ailleurs nous disons volontiers, où que nous habitions (pavillon, immeuble...) : « je rentre à la maison ».

La maison suppose un certain ancrage géographique. Il faudra nous demander comment s'est déroulée cette mutation historique fondamentale que constitue la sédentarisation. Pourquoi à la Préhistoire une grande partie des humains a-t-elle cessé d'être nomade pour commencer à bâtir des villages et des villes ? Contrairement à ce que l'on a longtemps pensé, la sédentarisation n'a pas *suivi* l'invention de l'agriculture, elle l'a *précédée*. Or, si ce n'est pas pour travailler dans des champs à proximité et s'occuper de troupeaux fixes, pourquoi avoir bâti les premières habitations durables ? Pour quelles raisons a-t-on construit les premières villes ? S'agissait-il d'un changement de climat ? Ou comme l'entend Jacques Cauvin les progrès de la symbolisation ont-ils rendu notre capacité à communiquer plus performante, nous conduisant à aspirer à des échanges intenses au sein de sociétés plus complexes, donc à vivre dans des regroupements fixes, à inventer les villes et à se sédentariser ? Cette hypothèse de progrès du langage à l'origine de la sédentarisation apparaît séduisante, d'autant que donner un nom à un lieu, c'est déjà commencer à l'habiter.

De nombreuses autres questions historiques se posent à propos de l'habitat. Comment étaient conçues les maisons sous l'Antiquité ? Quels changements sont apparus avec le Moyen Âge ? Les structures résidentielles ont beaucoup évolué : difficile d'imaginer par exemple qu'au Moyen Âge et à l'époque moderne, les ponts de Paris étaient couverts d'immeubles ! Et dans le monde rural, comment, passe-t-on, entre le XVIIIe et le XIXe siècle, d'un habitat vernaculaire (utilisant les matériaux de la région et les techniques de constructions locales) à des fermes modèles relativement standardisées, pensées par des agronomes ?

Les architectes des habitations font preuve d'une grande créativité, par exemple dans le cadre de courants artistiques tels que l'art Nouveau à la fin XIXe siècle ou le Bauhaus au XXe siècle. Cependant, certaines habitations bénéficiant d'un bon rapport qualité prix ont été copiées d'innombrables fois et une standardisation confinant à l'uniformisation caractérise nos zones pavillonnaires. Par ailleurs, dans les années 1950 et 1960, les grands ensembles ont été bâtis pour faire face à la croissance démographique des Trente Glorieuses et ils manifestent également une monotonie architecturale, aujourd'hui fort décriée.

La maison est un lieu très apprécié par beaucoup. Quelles sont les causes de ce bien-être domestique ? Tout d'abord, au sein de notre habitation, nous nous sentons protégés. Des contes comme celui des Trois petits cochons contribuent à transmettre, de génération en génération, cette importance de la maison comme refuge. D'ailleurs, qui n'a jamais joué, enfant, à construire une cabane ? À noter que pour se sentir bien chez soi, un grand espace n'est pas nécessaire. Une petite salle confortable, un espace « cosy » contribueront à notre bien-être. Remarquons par ailleurs qu'un plaisir particulier peut nous envahir lorsque nous nous trouvons à l'abri alors qu'à l'extérieur sévissent des intempéries. Précisons enfin que la maison est le lieu par excellence des plaisirs des sens : gastronomie, écoute de la musique, sexualité.

Cependant, les personnes très casanières reçoivent couramment des reproches : « Avec une météo aussi favorable tu restes à l'intérieur ? », « Sors donc t'aérer un peu ! », « Tu comptes passer ta vie enfermé(e) dans ta chambre ? ». Nous pouvons nous demander pourquoi cette forme de culpabilisation. En fait, la maison représente pour certains une sorte de camp de base pour préparer l'ascension d'une montagne, soit un début dans le jeu de la vie. Comment pourrait-il être valorisant d'aimer séjourner longuement sur la case départ ? Selon le poème de Joachim du Bellay, « Heureux qui comme Ulysse », le jeu en question formerait une boucle et il serait bienvenu et même délectable de profiter à nouveau pleinement de sa maison dans sa région natale après avoir exploré de nombreux territoires et accompli des actes valeureux : « Heureux qui comme Ulysse a fait un beau voyage Et s'en revient [...] Quand reverrai-je hélas de mon petit village fumer la cheminée... »

La maison ne met pas toujours à l'abri des souffrances. Tout d'abord, des millions de Français sont victimes du mal logement, des centaines de milliers se retrouvent sans abri. Le logement constitue le premier poste budgétaire et face aux impayés, certains subissent l'expropriation. Par ailleurs, la maison nous protège sans doute des risques extérieurs mais il arrive que les souffrances et même les violences, viennent de l'intérieur : solitude (on songe par exemple au phénomène des hikikomoris), femmes battues, enfants abusés. En outre les accidents domestiques font des milliers de victimes chaque année en France : brûlures, chutes, accidents de bricolage...

Certaines habitations sont vues comme « maudites » car un crime y a été commis ou un psychopathe y a vécu. Ces bâtisses peinent parfois à trouver un acheteur et doivent être vendues au rabais. On songe aussi aux demeures d'Adolph Hitler qui ont été détruites après la Seconde Guerre mondiale. Comment expliquer ce phénomène, alors qu'une fois le drame terminé et le criminel neutralisé, ces maisons ne sont pas plus dangereuses que les autres ? Tout se passe comme si, pour notre imaginaire, une habitation s'imprégnait des scènes terribles qui s'y sont déroulées.

Dans certaines circonstances, on peut être enfermé dans sa propre maison. Ce fut le cas lors des confinements. Les observateurs ont alors souligné une aggravation des inégalités entre ceux qui ont bien vécu ces périodes car ils profitaient d'une bonne situation familiale et de conditions de logement satisfaisantes et ceux qui ont souffert de l'exiguïté de leurs locaux, de la promiscuité, voire de violences familiales aggravées. Ajoutons que la maison peut se faire prison avec le système des bracelets électroniques. Enfin, on parle parfois d'une « prison dorée » quand dans une situation particulière, pour des raisons culturelles, traditionnelles ou politiques, une personne profite d'une demeure très confortable mais dont elle ne peut quasiment pas sortir.

Pour autant, la maison nous est indispensable et nous pourrons réfléchir également à ses nombreuses fonctions. Déjà, elle abrite la vie humaine et permet la satisfaction des besoins basiques : protection, alimentation. C'est en son sein que les jeunes enfants peuvent grandir et on sait comme le petit d'homme est fragile. La maison est un cocon pour la famille, d'ailleurs le mot « foyer » qui désigne en premier lieu l'endroit où l'on fait le feu pour chauffer son habitation est devenu un synonyme de la maison, puis par glissement, de la famille. On peut travailler dans son habitation – nous l'avons largement expérimenté ces dernières années. On y fait du sport, on y pratique de nombreux loisirs (lecture, jeux vidéo, jeux de société, visionnage de films). Aujourd'hui nous pouvons nous y faire livrer presque tout ce dont nous avons besoin. La maison possède aussi, pour certains, une fonction de représentation. Elle est le signe extérieur de richesse le plus prisé pour exposer sa réussite sociale. Elle constitue un vecteur de l'individualisme et de la société de consommation. Il n'est pas rare que des voisins se jalousent et surenchérissent en matière d'équipement. Mais l'habitation se présente aussi comme le lieu par excellence de l'hospitalité. C'est là que nous aimons recevoir nos amis, traditionnellement autour d'un repas que l'on prend plaisir à cuisiner pour eux.

Selon Gaston Bachelard, la première fonction de la maison est de nous permettre de rêver. De fait pour laisser aller notre imagination, nous avons besoin d'être à l'abri et de nous sentir en sécurité. C'est ainsi que l'habitation est le berceau de la création pour la plupart des artistes. Beaucoup de peintres, de sculpteurs et autres créateurs y installent leur atelier. De nombreux écrivains y ont leur bureau ou autre lieu d'écriture parfois improbable (comme le lit pour Marcel Proust). Les artistes ont besoin de sécurité pour laisser aller leur imagination mais il leur est aussi nécessaire de beaucoup travailler. Leur habitation leur donne un cadre pour façonner leur œuvre. Par ailleurs, la maison est un sujet d'inspiration pour des peintres : Van Gogh, Cézanne, Monet... De nombreux écrivains et cinéastes ont opté, dans leurs récits, pour le décor d'une maison, notamment à travers le genre de l'huis clos. Ce dernier consiste à imaginer une aventure se déroulant intégralement à l'intérieur d'un lieu fermé, ce qui donne de la cohérence au récit et une certaine intensité dans l'action et les échanges car il n'y a pas d'échappatoire pour les tensions générées et les dangers encourus.

Soulignons la fonction essentielle des cloisons qui nous affranchissent, quand nous le souhaitons, du regard des autres, nous permettant d'être nous-mêmes. Les cloisons internes autorisent également l'intimité entre les membres de la maison. Elles nous permettent de travailler notre intériorité : écriture d'un journal intime, exercices de développement personnel. Les personnes désireuses de développer leur spiritualité peuvent s'adonner en toute tranquillité à la méditation, au yoga et, pour les adeptes d'une religion, à la prière.

La maison est un lieu fondamental de notre identité. Il importe non seulement de s'y sentir bien, mais aussi de s'y sentir chez soi. Cette dimension identitaire nous conduit à aménager notre habitation conformément à nos goûts, nos valeurs, nos croyances, nos traditions. Certains ont besoin d'être entourés de meubles et d'objets, ils ont l'impression qu'une maison manque d'âme si elle est dépouillée, quand d'autres préfèrent, au contraire, un aménagement et une décoration épurés, qui les aide à se sentir l'esprit plus libre. Les bibliophiles aiment vivre entourés de leurs livres. Nos habitations sont souvent à notre image, ce qui fait qu'après un décès, la maison des défunts est, pour les proches endeuillés, douloureusement emprunte de leur présence.

L'insistance des enfants à dessiner des maisons en est un indice : nos habitations sont des symboles humains profonds. Elles représentent notre moi et il n'est pas anodin que beaucoup disent avoir vécu un cambriolage comme un viol. Le grenier évoque nos souvenirs car nous y entreposons souvent des objets dont nous ne sommes pas certains qu'ils nous serviront un jour mais qui témoignent d'un passé. La cave représente, elle, l'inconscient et l'on comprend pourquoi c'est l'espace le plus susceptible de générer des angoisses. Ajoutons que comme elle nous protège, la maison symbolise aussi l'affection des parents et notamment, en tant qu'elle nous contient, l'amour de la mère.

L'habitation peut devenir un théâtre dans lequel les occupants se mettent en scène. C'était le cas dans la haute noblesse où le seigneur des lieux obéissait à un protocole strict, de même que les courtisans et les domestiques. À notre époque, on pense aussi aux youtubeurs qui se filment chez eux et, pour certains, mettent en scène toute leur famille. À l'extrême, nous pouvons évoquer les émissions de téléréalité du type « Loft Story » où les candidats sont filmés dans une maison à travers presque toutes leurs activités (disputes, conversations intimes, échanges sensuels).

La maison recèle encore une dimension politique. Elle contribue à nous inscrire physiquement dans la cité. En effet, nous devons disposer d'une adresse pour pouvoir être inscrits sur les listes électorales (même si des procédures, peu utilisées, sont prévues pour permettre aux sans-abri de voter). En outre, la maison représente un garant de la liberté individuelle. Si les Droits de l'homme reconnaissent la propriété privée, ce n'est pas seulement parce que la Révolution française a été largement inspirée et mise en œuvre par la bourgeoisie. C'est aussi que la propriété privée accordant à chacun un espace inviolable, elle était vue comme un garant des libertés que promeut la célèbre Déclaration. Enfin la maison du souverain ou du chef d'État est un symbole de l'unité politique d'un pays. Ainsi, dira pour souligner l'action des États-Unis : « La Maison blanche fait pression en ce sens » ou pour évoquer la position officielle de la France : « l'Élysée ne s'est pas encore prononcé sur le sujet ».

Quels rapports notre habitation entretient-elle avec la nature ? Une première approche nous laisse penser que la maison a plus à voir avec la civilisation, la culture car elle est une construction humaine, une réalisation artificielle. Cependant, d'une part sa construction implique souvent des matériaux naturels (la pierre, le bois), d'autre part la maison s'inscrit fréquemment dans un espace naturel, elle est régulièrement entourée d'un jardin. Remarquons l'existence d'espaces intermédiaires tels que les balcons, les terrasses, les vérandas qui permettent souvent de profiter de la nature sans sortir tout à fait. Beaucoup, aujourd'hui, se soucient que leur habitation s'inscrive dans le développement durable, c'est-à-dire que le fait d'habiter soit compatible avec un traitement de la nature qui ne porte pas trop préjudice à ses équilibres... donc à notre propre existence. Christian Arnsperger résume bien cet enjeu, affirmant que pour bien habiter l'espace, il faut bien habiter le temps. Le géographe Augustin Berque étend le concept d'habitation, définissant ainsi la notion d'écoumène : « la terre telle que nous en faisons l'expérience en l'habitant ».

Enfin, comment élever un simple « logement » à la dignité d' « habitation » ? Qu'est-ce qui permet de passer d'avoir un toit à être bien chez soi ? Nous verrons que des architectes inspirés par la philosophie de Heidegger ont conçu l'habitation comme un tout devant respecter l'environnement, nos façons de vivre, nos traditions pour embrasser la réalité humaine qui nous précède et nous permettre, dans cet espace enraciné et favorable, de devenir nous-mêmes.

Le programme

Thème : Dans ma maison

Problématique

La maison : rien n'est plus commun et familier que cet objet architectural, un toit et des murs, un abri où l'on se sent chez soi. Et pourtant quelle diversité dans la déclinaison de ses formes, de la maison individuelle à l'appartement situé dans un immeuble ou une tour, du pavillon au studio ! Type d'habitat associé à l'organisation de la société, la maison, dans la multiplicité de ses configurations, reflète la variété de nos modes de vie : cellule familiale, colocation, EHPAD, foyer étudiant... L'habitat constitue par ailleurs un marqueur prépondérant de la différenciation sociale, selon que l'on ait ou pas un toit, que l'on soit locataire ou propriétaire, que l'on habite un immeuble de standing ou un logement exigu, insalubre.

Dans presque toutes les conceptions occidentales de l'habitat, héritées de l'Antiquité, deux caractéristiques dominent : d'une part, la maison instaure une séparation entre le domaine privé du foyer et le monde public de la cité ; d'autre part, la disposition spatiale et les fonctions des pièces de la maison traduisent des usages différenciés : chambres et lieux conviviaux, lieux ouverts et pièces privées. Mais ne devient-il pas difficile, notamment avec le développement du travail à distance, de distinguer espace public et espace intime ?

La clôture architecturale de la maison semble favoriser le repli heureux sur soi, seul ou au sein d'une communauté choisie. Mais si la maison offre une protection, si elle permet l'isolement, la solitude volontaire ou la retraite enchantée, ne peut-elle aussi devenir le lieu de la réclusion subie, du retrait frileux et craintif, de la dérobade face aux désordres du monde ? Sans doute, en vertu des lois de l'hospitalité, la maison peut-elle être accueillante ; mais elle se révèle parfois secrète, hostile et le huis clos devient le théâtre des conflits et des tragédies familiales.

Espace symbolique autant qu'architectural, la maison nous fait entrer dans les domaines de l'imaginaire et du rêve. Intimement liée à notre identité profonde, la maison d'enfance est l'écrin de nos plus anciens souvenirs, de nos premières émotions. Mais la maison est aussi au croisement d'enjeux très concrets : confort, décoration, normes environnementales, sécurité et accessibilité. Entre rêve et réalité, la maison peut-elle répondre à autant d'aspirations différentes et parfois contradictoires sans tomber dans la standardisation et le conformisme ?

Mots clés

- maison, bâtisse, construction, immeuble, immeuble haussmannien, immeuble de rapport, HLM, gratte-ciel, loft, domotique, pavillon, villa, manoir, château, folie, studio, préfabriqué, baraque, cabane, bicoque, masure, taudis, bungalow, chaumière, ermitage ;

- antichambre, salon, salle de réception, salle à manger, boudoir, terrasse, loggia, cuisine, buanderie, communs, chambre de bonne, galetas, soupente ;

- foyer, chez-soi, nid, refuge, pénates, lares, retraite, asile, home, confort, cosy, bien-être, Feng Shui, bricolage, restauration, promiscuité, insalubrité, nuisances ;

- propriété, résidence secondaire, maison de famille, maison de vacances, location, inventaire, état des lieux, héritage, charges, bail, copropriété, servitudes ;

- famille, maisonnée, isolement, solitude, hospitalité, sociabilité, utopie, phalanstère, confinement, gynécée, huis clos, domesticité.

Expressions

maison de campagne ; maison de famille ; maison de maître ; gros comme la/une maison ; par-dessus les maisons ; habiter en bon père de famille ; faire les honneurs de la/sa maison ; garder la maison, quitter la maison ; charbonnier est maître chez lui, en sa maison ; à la maison, aller, être à la maison ; (aimer) rester à la maison ; gens de maison ; maître, maîtresse de maison ; entrer, se mettre en maison ; maison bien réglée ; tenir maison ouverte ; administrer la maison ; train de maison ; bonne, grande maison ; maison aisée, confortable ; une maison accueillante, amie, charitable... home sweet home ; quitter le foyer ; la porte est toujours ouverte ; Sans domicile fixe (SDF), sans abri ; de la cave au grenier ; un cadavre dans le placard ; maison hantée...

Littérature

Louis Aragon, « Intérieurs », *Le Voyage de Hollande et autres poèmes*
Paul Auster, *Sunset Park*
Alaa al-Aswany, *L'Immeuble Yacoubian*
Honoré de Balzac, *La Recherche de l'Absolu ; Eugénie Grandet ; Le Père Goriot*
Joachim du Bellay, « Heureux qui comme Ulysse », *Les Regrets*
Philippe Besson, *La Maison atlantique*
René-Guy Cadou, « La Maison d'Hélène »
Truman Capote, *Les Domaines hantés*
Catherine Clément, *Maison mère*
Colette, *La Maison de Claudine*
Julia Deck, *Propriété privée*

Marguerite Duras, *La Vie matérielle*
Lydia Flem, *Comment j'ai vidé la maison de mes parents*
Adrien Goetz, *Villa Kérylos*
Keigo Higashino, *La Maison où je suis mort autrefois*
Kazuo Ishiguro, *Les Vestiges du jour*
Jean-Claude Izzo, *Total Khéops*
Rosetta Loy, *Noir est l'arbre des souvenirs, bleu l'air*
Simon Mawer, *Le Palais de verre*
Thomas More, *Utopie*, livre II
Irène Némirovsky, *Le Bal*
Jean d'Ormesson, *Au plaisir de Dieu*
Marcel Pagnol, *Le Château de ma mère*
Georges Perec, *Espèces d'espaces ; La Vie mode d'emploi*
Charles Perrault, *La Barbe bleue, Le Petit Poucet*
Edgar Poe, « La Chute de la maison Usher », in *Nouvelles histoires extraordinaires*
Jacques Prévert, « Dans ma maison », *Paroles*
Marcel Proust, *Du côté de chez Swann*
Pascal Quignard, *Villa Amalia ; Vie secrète*
Yannis Ritsos, « Perspective », *Témoignages*
Jules Romains, *Mort de quelqu'un*
Georges Simenon, *L'Affaire Saint-Fiacre ; Les Inconnus dans la maison*
Sylvain Tesson, *Dans les forêts de Sibérie*
Henri Thomas, « Grenier », *Le Monde absent*
Giuseppe Tomasi di Lampedusa, *Le Guépard*
Paul Verlaine, « Le Foyer », *La Bonne chanson*
Voltaire, *Candide*, chapitre XXX
Émile Zola, *Pot-Bouille* ; *Comment on meurt*

Essais

Gaston Bachelard, *La poétique de l'espace*
Simone de Beauvoir, *Le Deuxième Sexe*, tome 2, chapitre « La femme mariée »
Bruno Bettelheim, « Jeannot et Margot » *(Hansel et Gretel), Psychanalyse des contes de fées*
Évelyne Bloch-Dano, *Mes maisons d'écrivains*
Jean Chevalier et Alain Gheerbrant, article « Maison », *Dictionnaire des symboles*
Mona Chollet, *Chez soi, une odyssée de l'espace domestique*
Marcel Détienne, *Comment être autochtone. Du pur Athénien au Français raciné*
Pierre Grimal, Eustachy Kossakowski, *Pompéi, demeures secrètes*
Martin Heidegger, *Essais et conférences* : « Bâtir habiter penser », « ... L'homme habite en poète. »
Martine Segalen et Françoise Zonabend, *Familles en France* (p. 497-528), In Burguière
André Burguière, Christiane Klapisch-Zuber, Martine Segalen et Françoise Zonabend, *Histoire de la famille,* tome 3 : *Le choc des modernités*

Tzvetan Todorov, *Éloge du quotidien. Essai sur la peinture hollandaise du XVIIe siècle*
Jean-Pierre Vernant, *L'Univers, les dieux, les hommes. Récits grecs des origines*
François Vigouroux, *L'Âme des maisons*
Ruth Zylberman, *209 rue Saint-Maur, Paris X^e, autobiographie d'un immeuble*

Films

Claude Chabrol, *La Cérémonie*
Jean Epstein, *La Chute de la maison Usher*
Alfred Hitchcock, *Psychose ; Fenêtre sur cour ; La Maison du docteur Edwardes*
James Ivory, *Retour à Howards End*
Agnès Jaoui et Jean-Pierre Bacri, *Cuisine et dépendances*
Cédric Klapisch, *L'Auberge espagnole*
Bong Joon-ho, *Parasite ; Shaking Tokyo* (in *Tokyo !*, série de trois courts-métrages par Michel Gondry, Leos Carax et Bong Joon-ho)
Philippe Le Guay, *Les Femmes du sixième étage*
François Ozon, *Huit Femmes ; Dans la maison*
Maurice Pialat, *L'amour existe*
Roman Polanski, *Le Locataire*
Jean Renoir, *La Règle du Jeu*
Stéphane Robelin, *Et si on vivait tous ensemble*
Georges Rouquier, *Farrebique*
Jacques Tati, *Mon oncle ; Playtime*
Bertrand Tavernier, *Un dimanche à la campagne*
François Truffaut, *L'Argent de poche*
Thomas Vinterberg, *Festen*
Luchino Visconti, *Ludwig ou le Crépuscule des dieux*
Peter Weir, *The Truman Show*

Films

Downton Abbey
L'Agent immobilier
Au-delà des murs
Nos chers voisins
Émissions de télévision : *Maison à vendre, Recherche appartement ou maison, Les As de la déco*, etc.

Musique

Charles Aznavour, *La Maison rose*
Barbara, *Ma maison*
Bénabar, *Quatre Murs et un toit*
Nino Ferrer, *La Maison près de la fontaine*
Thomas Fersen, *L'Escalier*
Françoise Hardy, *La Maison où j'ai grandi*

Maxime Le Forestier, *San Francisco*
Renan Luce, *Chez toi*
Miossec, *Le Déménagement*
Michel Polnareff, *Dans la maison vide*
Raphael, *Caravane*
Renaud, *Dans mon HLM*
Les Wriggles, *Les Voisins*
Zazie, *Rue de la Paix*

Architecture

Sites de Pompéi, Oplontis et Herculanum, Domus aurea ;
Maisons-musées et maisons d'écrivains (Nissim de Camondo, Jacquemart-André, maison de Balzac à Passy, musée Gustave-Moreau, maison de George Sand dans le Berry, maison de François Mauriac ou d'Edmond Rostand en Nouvelle- Aquitaine, etc.) ;
Châteaux de la Loire ; Versailles ; châteaux de Louis II de Bavière ;
Architectes ayant particulièrement travaillé sur l'habitat individuel ou collectif, de Mansart à Hundertwasser, en passant par Franck Lloyd Wright, Szotyński et Zaleski, Le Corbusier, Mallet-Stevens ou Charlotte Perriand ;
Le facteur Cheval, le Palais idéal ;
Jean-Baptiste Godin, le familistère de Guise ;
Victor Horta, la maison Horta (Bruxelles, Belgique) ;
Raymond Isidore, dit Picassiette, la maison Picassiette ;
Emmanuel Pontremoli, la villa Kérylos ;
Szotyński et Zaleski, la Maison tordue (à Sopot, Pologne) ;
Les *tulou*, maisons du peuple Hakka (Chine) ;
Villa Balbianello (lac de Côme, Italie) ;
Otto Wagner, la villa d'Hütteldorf (Vienne, Autriche).

Arts plastiques

Le Bauhaus
Pierre Bonnard, *Intérieurs*
William Degouve de Nuncques, *La Maison aveugle*
Emmanuel de Witte, *Intérieur avec une femme jouant du virginal*
Pieter Janssens Elinga, *La Balayeuse*
Vilhelm Hammershøi, *La Danse de la poussière dans les rayons du soleil ; La Très Haute Fenêtre*
Edward Hopper, *Chambre à New York ; Maison au bord de la voie ferrée*
René Magritte, *L'Empire des lumières*
Do-Ho Suh, *Perfect Homes*
Samuel Van Hoogstraten, *Les Pantoufles*
Félix Vallotton, *Femme fouillant dans un placard ; Intérieur avec femme en rouge de dos*
Vermeer, *Rue de Delft*
Édouard Vuillard, *Intérieurs*

Presse

Magazines spécialisés, de *Maison créative* à *Art & Décoration* en passant par *Elle Décoration, Le Journal de la maison, Mon jardin & Ma maison, Maison & Travaux, Marie-Claire Maison*, etc.

Jeux vidéo

Les Sims

Partie I

Étude du thème

Étude 1

La maison dans l'histoire

Le mot français « maison » provient du latin « mansĭo » qui signifie notamment le fait de demeurer à un endroit, de séjourner, l'idée de *persister*. On trouve donc déjà ici une connotation d'implantation durable, de *sédentarité*. À noter que le mot latin « domus » qui a donné « domicile », « domestique », etc. renvoie concrètement au bâti de la maison mais aussi aux habitants de celle-ci : nous dirions la « maisonnée ». Le mot « villa » désignait lui les grandes maisons de campagne romaines liées à une exploitation agricole. Aujourd'hui nos « villas » n'ont plus de lien avec l'agriculture mais il reste que l'environnement immédiat sera rarement urbain, il s'agira plutôt d'espaces naturels offrant de beaux paysages (mer, montagne, champs, forêts…) : on parle d'un lieu de *villégiature*. Au Moyen Âge, on utilisait le mot « hostise » (« hostal » dans le Sud) qui recelait l'idée d'espaces à même de recevoir (on trouve d'ailleurs ici l'origine des mots « hôtel » et « hôtes »). Comment et pourquoi les hommes préhistoriques en sont-ils venus à se sédentariser ? Comment les habitations ont-elles évolué au long de l'histoire ? Précisons tout d'abord que la présentation qui suit concerne essentiellement l'Europe occidentale. N'oublions pas en effet que pour plus d'un milliard d'humains dans le monde aujourd'hui, l'habitat se résume encore à une baraque en tôles et autres matériaux de récupération, construite dans un bidonville.

1 Du néolithique à l'Antiquité : aux origines de l'habitat sédentaire

- Durant l'immense majorité de son histoire, l'être humain a été nomade. Nos plus lointains ancêtres, les australopithèques, apparaissent il y a six millions d'années environ, et ils demeurent nomades jusque vers 10 000 ans avant notre ère ! Pendant cette période, ils ne vivent pas dans des grottes, contrairement à un cliché répandu. En effet, l'habitat dans une grotte sans le confort moderne (éclairage électrique, chauffage) n'est pas du tout commode. On n'y voit rien et si l'on allume un feu, on risque de s'intoxiquer avec la fumée. Les hommes préhistoriques s'aventuraient dans les grottes pour y peindre, peut-être effectuer des cérémonies d'un ordre chamanique mais ils n'y vivaient pas. Ils habitaient des campements en plein air, parfois certes à l'abri de rochers. Ils dressaient des tentes dont la structure faite de branchage et parfois d'ossements, était couverte par des peaux de bêtes. La nécessité de trouver à s'alimenter empêchait nos ancêtres de se fixer durablement sur un site. Il apparaissait nécessaire à ces chasseurs-cueilleurs de se déplacer souvent pour trouver de nouveaux fruits, légumes, céréales et pour suivre les troupeaux.

- C'est dans le Croissant fertile, entre la Mésopotamie et l'Anatolie (régions correspondant à l'Irak et la Turquie d'aujourd'hui) que la sédentarisation débute vers – 10 000, soit au commencement du néolithique, la dernière partie de la Préhistoire (**▶ Doc. 1**). On a longtemps pensé la sédentarisation comme une *conséquence* de l'invention et du développement de l'agriculture. Cependant, Jacques Cauvin et quelques autres préhistoriens ont établi que bien souvent, la fin du nomadisme a *précédé* l'agriculture. Comment expliquer, alors, cette sédentarisation ? Parmi les hypothèses, on trouve une explication climatique : un redoux lié à la fin d'une période de glaciation a rendu l'alimentation naturellement plus abondante pour les homo sapiens. Dès lors il aurait été inutile de continuer à se déplacer puisque la nourriture pouvait repousser abondamment sur place. À cette époque, les hommes avaient compris depuis longtemps déjà qu'en semant des graines, on pouvait récolter du blé, du millet, du riz, du chanvre, etc. Ils auraient généralisé cette pratique *après des décennies de sédentarisation,* pour faire face à la pression démographique. Une autre hypothèse qui a les faveurs de Jacques Cauvin, est que les humains auraient connu préalablement une révolution intellectuelle. La découverte de nombreuses figurines de cette époque représentant des femmes et des taureaux montre que les homo sapiens ont alors progressé dans leur capacité à représenter des symboles. Sans doute se sont-ils mieux exprimé (car le langage est justement une structure symbolique), leurs relations se sont complexifiées ; ils ont donc souhaité vivre en communauté plus nombreuse que les tribus primitives. C'est ainsi qu'ils auraient formé les premiers villages, et développé ensuite l'agriculture pour faire face à la pression démographique. Les maisons étaient plus solides que les huttes de l'époque nomade mais encore très sommaires, souvent en torchis. Un foyer au centre permettait de cuisiner et de se chauffer. Souvent ces premières maisons sont regroupées autour de sépultures et d'un sanctuaire, ce qui prouve un début d'organisation sociale complexe.

- D'importants progrès ont été réalisés sous l'Antiquité dans le domaine des habitations, notamment durant l'époque romaine. Pour les pauvres en milieu rural cependant, les techniques de construction restent très similaires à celles du néolithique mais les petites structures agricoles tendent à disparaître au long de la période de l'Empire romain au profit de grandes exploitations, les plus pauvres se mettant au service des riches propriétaires. Ces vastes exploitations avaient pour centre de grandes maisons en pierre appelées *villas*. En milieu urbain, les pauvres vivaient dans les premiers immeubles, les *insulas* qui pouvaient atteindre 6 étages… mais il n'était pas rare qu'ils s'effondrent ! Les plus riches habitaient eux dans de confortables *domus,* inspirées d'évolutions précédentes en Grèce, dont le site dramatiquement préservé de Pompéi nous donne des exemples en excellent état. Un couloir (le *vestibulum*) conduisait à l'*atrium,* cour centrale avec un bassin en son milieu (l'*impluvium*). Le plafond était ouvert et la forme astucieusement inclinée du toit permettait le remplissage automatique du bassin par les eaux de pluie. Cet espace autorisait la distribution des pièces de réception : la salle à manger (le *triclinium* avec les *clinium,* sortes de lits/canapés pour manger allongé sur le côté, la cuisine (*culina*) où s'affairaient les esclaves, le laraire (petit autel dédié au culte domestique) et les chambres (*cubiculum*). Richement décoré de superbes mosaïques et de magnifiques fresques, l'atrium faisait la fierté des riches propriétaires. Parfois même un escalier conduisait à l'étage. En face de l'atrium, on accédait au *tablinium,* le bureau où le maître de maison recevait des négociants pour développer ses affaires. Dans les *domus* les plus vastes, le *tablinium* donnait sur un jardin entouré d'un péristyle qui desservait les pièces les plus privées. À noter que les salles de bains étaient rares car le bain correspondait plutôt à une activité publique pour les Romains, activité pratiquée dans les thermes. Enfin, la partie rue était souvent louée à des boutiquiers.

2 Du haut Moyen Âge à l'époque contemporaine : les progrès du confort

- La qualité des habitats a pu reculer par endroit au début du Moyen Âge mais à la fin de cette période, les progrès reprennent. En ville, on retrouve des immeubles à plusieurs niveaux. Souvent le premier étage déborde du rez-de-chaussée (principe de l'encorbellement) pour avoir plus de surfaces dans les hauteurs sans trop empiéter sur la chaussée. La pierre recommence à gagner du terrain sur le bois, notamment pour limiter la propagation des incendies. Les meubles sont souvent intégrés dans les murs (étagères et sièges en saillie, placards logés dans le mur). Souvent le rez-de-chaussée est occupé par des boutiques. À noter que les ponts à Paris sont quasi couverts de maisons, avec juste une voie étroite au centre pour traverser… sans apercevoir la Seine. Comme l'a présenté l'historien Youri Carbonnier, ces maisons avaient pour défaut de ne pas avoir de cave (si l'on exclut un espace très bas où l'on accédait à quatre pattes et où le taux d'humidité ne permettait pas de conserver le vin) mais elles étaient tout de même prisées pour la vue et l'accès immédiat à l'eau (un seau pour boire et – ce qui pose quelques questions d'ordre hygiénique – un débouché immédiat pour les toilettes, nul besoin de faire vider régulièrement sa fosse d'aisance). Dans le monde rural, l'architecture vernaculaire s'impose largement, c'est-à-dire que les paysans construisent en fonction des matériaux disponibles dans leur environnement immédiat et de techniques très locales. Par exemple dans les villages côtiers, on peut utiliser les algues pour garnir la toiture. Jusqu'au XVe siècle, les matériaux utilisés sont pour la plupart très périssables : bois, chaume… Les maisons sont souvent construites par le paysan lui-même, parfois par des artisans itinérants (les « compagnons »). À la fin du Moyen Âge, la cheminée s'impose au centre de la maison. On observe souvent quelques soucis de décoration : linteau de porte gravé, cartouche au-dessus de l'entrée, cheminée sculptée.

- Au XIXe siècle avec l'arrivée du chemin de fer, les matériaux disponibles se diversifient et l'architecture vernaculaire recule. Dans les campagnes, les traités d'agriculture sont de plus en plus lus, les architectes s'intéressent au bâti rural, des fermes modèles sont construites avec une organisation plus rationnelle de l'espace permettant une amélioration de la productivité agricole et des progrès dans l'hygiène (séparation plus nette entre l'habitat et les espaces dédiés aux animaux par exemple). À noter que les pigeonniers se multiplient, cet équipement n'étant plus, depuis la Révolution, un privilège des nobles. L'exode rural conduit également à des bouleversements dans l'habitat urbain. Dans les villes industrielles, les premières cités ouvrières voient le jour. À Paris, le baron Haussmann sous l'impulsion politique de Napoléon III repense le plan urbain, faisant percer de très larges avenues et promouvant les immeubles qui vont porter son nom. (▶ **Doc. 2**) Les immeubles haussmanniens sont d'une hauteur réglementée pour favoriser une certaine harmonie du paysage et de l'horizon urbain. Le rez-de-chaussée est généralement occupé par des commerces. Au premier étage se trouvent les appartements les plus luxueux (pour ne pas avoir à grimper trop d'escaliers) et plus on monte dans l'immeuble, plus on descend dans la hiérarchie sociale, les fameuses « chambres de bonnes » se trouvant sous les toits. À noter qu'à la fin du XIXe siècle, l'eau courante commence d'arriver chez les propriétaires privilégiés. Par ailleurs les plus fortunés se font bâtir de magnifiques hôtels particuliers. Ainsi Édouard André fait construire en 1876 une admirable bâtisse qui va servir d'écrin à la magnifique collection de tableaux et autres objets artistiques qu'il rassemble avec sa femme Nélie Jacquemart. À leur mort, les Jacquemart-André lèguent ce patrimoine à l'Institut de France pour en faire le superbe musée qui porte aujourd'hui leur nom. Enfin, l'Art nouveau se développe à la même époque : les architectes multiplient notamment les décorations rappelant la nature, avec par exemple, au long des façades, des ornementations entrelacées en fer forgé qui rappellent des végétaux et des vitraux évoquant des scènes champêtres.

- Dans les années 1920, de nouveaux bouleversements s'opèrent (▶ **Doc. 3**). L'électrification autorise une véritable révolution, avec notamment l'éclairage des habitations. Par ailleurs, Walter Gropius donne naissance à un nouveau courant artistique concernant au premier chef l'architecture : le Bauhaus. L'objectif est à la fois de réaliser des immeubles plus fonctionnels, plus confortables, plus accessibles car peu onéreux et de révolutionner l'esthétique, en tenant davantage compte de la lumière naturelle et électrique. À noter que le terme Bauhaus signifie « maison de la construction » en allemand mais il est aussi inspiré de « Bauhütte » qui désignait les ateliers des maçons bâtissant les cathédrales à l'époque médiévale ; cette référence historique place le courant artistique dans une perspective philosophique, voire sous les auspices d'une ambition spirituelle. Le Bauhaus cherche à réconcilier l'artisanat et l'architecture, avec des formes géométriques et une recherche d'harmonie. C'est aussi un art « total », qui a inspiré des modèles de lampes, de meubles et même de théières avec un bec verseur dont l'esthétique particulière vient d'un souci fonctionnaliste : faciliter l'écoulement.

3 La maison aujourd'hui, entre permanences et modernité

- Au XXe siècle et en ce début du XXIe, le style des habitations semble hésiter entre une certaine standardisation et une recherche d'originalité. Tout d'abord, les impératifs démographiques et économiques des Trente Glorieuses, ainsi sans doute qu'une déviance de certains concepts architecturaux ont conduit à la construction des grands ensembles. Ces bâtiments ont représenté à l'époque un gage de progrès démocratique dans l'accession au confort mais ils sont aujourd'hui vécus comme de véritables « cages à lapins », mal insonorisées, à l'esthétique très froide, contribuant aux problèmes d'intégration, au communautarisme, à la délinquance que nous connaissons dans certaines cités. Les maisons individuelles n'ont pas été épargnées par la standardisation, avec le phénomène de la périurbanisation. Les prix des habitations en centre-ville devenant peu abordables pour des classes moyennes par ailleurs en recherche d'un jardin, notamment dans la perspective de fonder ou d'élargir une famille, ces dernières s'installent en périphérie, faisant croître l'espace urbain. Ces habitants périurbains acceptent souvent des temps de déplacement très importants pour se rendre sur leur lieu de travail. Des quartiers pavillonnaires se mettent alors à proliférer, quartiers dont l'uniformité architecturale peut dégager une impression de monotonie. Par ailleurs, le concept nouveau de la maison « en kit » conduit également à une certaine uniformisation, les éléments de la maison étant standardisés, construits à la chaîne pour être aisément assemblables. En réaction, certains se mettent en recherche d'habitations originales : maisons d'architecte aux formes surprenantes, habitations troglodytes (souterraines), aménagement de péniches, maisons flottantes, yourtes de type mongol.

- Nous pouvons constater des tendances opposées entre un attachement à la maison traditionnelle, une affection pour les bâtisses à valeur historique d'une part (▶ **Doc. 4**) et un intérêt pour la modernité, la technologie, le mouvement d'autre part. En effet, les vieilles bâtisses profitent d'un attrait particulier, surtout si leur style architectural s'avère très caractéristique d'une époque ou d'une région (maisons à colombages par exemple en Alsace, meulières en Île-de-France, murs en pierre de garrigue dans le Midi). Certains peuvent être attachés à une bâtisse pour des raisons familiales, parce que leurs ancêtres y ont vécu (▶ **Doc. 5**). Inversement, d'autres se montrent désireux d'une maison connectée la plus moderne possible, pourvue d'un grand nombre d'équipements électroniques – on parle de « domotique » (▶ **Doc. 6**). En outre les carrières actuelles imposent de plus en plus de mobilité et, notamment chez certains cadres qui doivent déménager très régulièrement, on a pu parler d'un néo-nomadisme.

- Enfin, une nouvelle préoccupation gagne les acquéreurs d'habitations : le développement durable. Il ne s'agit plus de bâtir des maisons durables mais plutôt de s'assurer que le fait de construire des maisons et d'y vivre puisse être durable car ne contribuant pas à saccager les équilibres naturels nécessaires à notre survie et à celle des autres êtres vivants. L'isolation des bâtiments est particulièrement soignée pour dépenser le moins d'énergie possible à maintenir une température confortable. Quand l'hiver se montre trop rigoureux, on privilégiera le bois pour le chauffage car c'est une source d'énergie renouvelable. Un potager permet de se nourrir sans faire venir de trop loin ses légumes (au moins pour une partie de sa consommation) et de garder un contact avec la nature. Les plus soucieux de l'environnement adoptent par ailleurs des toilettes sèches. Certains se regroupent dans des écoquartiers qui tiennent compte de l'environnement dès leur construction, ménageant autant que possible la faune et la flore locales – l'idée est de cohabiter avec les autres êtres vivants. D'autres décident de participer à des écovillages dont l'objectif consiste à se rapprocher de l'autosuffisance.

DOCUMENT 1 **« Dès le Néolithique, la maison "en dur" scelle le confinement des humains dans une boîte immobile »**

Durant la crise du Covid 19, le journaliste Simon Blin prend ici de la hauteur en inscrivant le confinement dans l'histoire de l'humanité. Ce phénomène serait l'aboutissement d'un long processus de sédentarisation.

Le confinement, une suite logique dans l'histoire de l'humanité ? C'est la thèse à rebours de l'archéologue et historien Jean-Paul Demoule, qui vient de publier une *Préhistoire du confinement* (éd. Gallimard, téléchargeable en ligne dans la collection « Tracts de crise »). Pour le spécialiste de protohistoire et professeur à l'université de Paris-I Sorbonne, l'enfermement du globe pour cause de pandémie de Covid-19 n'est pas l'« événement considérable » que l'on voudrait nous faire croire. Bien au contraire, il était écrit depuis des millénaires. Précisément lorsque Homo sapiens a tombé l'arc et la machette pour planter des champs et bâtir des villes. Au fil des siècles, la civilisation des chasseurs-cueilleurs a laissé place à celle des télétravailleurs tertiarisés, entassés dans les habitations que nous occupons désormais en continu depuis un mois et demi. Le confinement ne serait donc que l'aboutissement d'un monde sédentaire sur une « planète finie », explique Jean-Paul Demoule. Et ce, malgré l'apparente mobilité de la mondialisation.

Selon vous, l'histoire de l'humanité est celle de son confinement progressif.

L'humanité à l'état de chasseur-cueilleur est essentiellement nomade. Homo sapiens est tributaire des ressources saisonnières. Selon les animaux qu'il chasse, les poissons qu'il pêche et les plantes qu'il cueille, il est rare qu'il reste confiné au même endroit toute l'année. En même temps que des petits groupes d'hommes se forment et restent mobiles à l'intérieur d'un territoire plus ou moins vaste, Homo sapiens opère aussi un mouvement global de conquête de l'ensemble de la planète s'étalant sur des dizaines de millénaires. Une fois l'ensemble du globe colonisé, les humains s'arrêtent peu à peu de bouger. Aujourd'hui, l'énorme majorité de la population de la planète est sédentaire. Jusqu'au confinement actuel, qui montre que beaucoup de nos métiers peuvent se pratiquer en télétravail. En temps normal, on ne télétravaille pas forcément, mais on se déplace quand même confiné dans une boîte, automobile ou wagon de métro, pour rejoindre un bureau où l'on ne va pas plus bouger, assis devant un écran fixe. Nous n'habitons plus dans des maisons éparpillées mais, pour la plupart d'entre nous et en nombre croissant, nous vivons désormais dans des appartements empilés.

Qu'est-ce qui détermine le confinement de l'espèce humaine ? Le confinement de l'homme s'accélère avec l'invention de l'agriculture sédentaire, autrement dit le Néolithique, qui fixe la nourriture à portée de main. Cette pratique est relativement récente dans l'histoire de l'humanité. Alors que les formes humaines anciennes remontent à environ 7 millions d'années et Homo sapiens à 300 000 ans, l'agriculture et l'élevage n'ont à peine que 10 000 ans – soit un peu plus de 3 % de la durée d'existence d'Homo sapiens. Et à mesure que l'agriculture s'impose, le nomadisme ne se maintient plus que dans de rares régions du monde, lié au pastoralisme ou à des conditions de vies particulièrement hostiles, comme dans le cas des déserts. Avec le Néolithique apparaît la maison « en dur », qu'elle soit en bois, terre ou pierre, qui scelle le confinement des humains dans une boîte immobile, autour de laquelle s'organise un espace domestiqué concentrique : les autres maisons, puis les champs et les pâtures autour du village, et enfin les espaces sauvages, mais qui vont le devenir de moins en moins au fur et à mesure qu'ils vont se restreindre. Certes, il a existé de tout temps des migrations, mais elles n'ont pour but que de se fixer à nouveau sur un territoire offrant de meilleures conditions de vie, depuis celles du Moyen Âge jusqu'à la colonisation européenne des Amériques et aux mouvements contemporains.

Simon Blin, *Libération*, 2 mai 2020

DOCUMENT 2

Gustave Caillebotte est un peintre français de la deuxième moitié du XIXe *siècle. Il s'inscrit dans le courant impressionniste. Né à Paris, issu d'une famille aisée de commerçants, l'artiste a connu les travaux d'Haussmann, sous Napoléon III, qui ont profondément transformé la capitale. Les deux bourgeois sur le balcon semblent affirmer leur fierté, en même temps qu'une certaine décontraction, face à la modernité triomphante caractérisée par cette ville aérée et lumineuse.*

Gustave Caillebotte, *Un balcon, boulevard Haussmann*, 1880

DOCUMENT 3

Simon Mawer est un écrivain anglais né en 1948. Dans ce roman, le personnage principal est une maison moderne et lumineuse construite dans l'entre-deux-guerres pour un couple aisé. La demeure s'affirme comme un symbole de foi en l'avenir. Cependant, des difficultés conjugales et, surtout, la Seconde Guerre mondiale mettront cette confiance en péril.

Pour le moment, il n'avait ni forme ni consistance, mais il existait déjà, diffus, polymorphe, dans leur esprit et dans celui de Rainer von Abt. Il existait à la manière des idées et des idéaux, fluctuant et abstrait. Espace, lumière, verre ; peu de meubles ; fenêtres s'ouvrant sur le jardin ; un revêtement de sol étincelant, du travertin, pourquoi pas ; du blanc, de l'ivoire, le lustre du chrome. Ces éléments changeaient, évoluaient, se modifiaient, se métamorphosaient comme dans les rêves où les formes, bien que variables, gardent leurs caractéristiques essentielles pour le rêveur : der Glasraum, de Glastraum, une seule lettre qui suffisait à transformer l'espace de verre en un rêve de verre, un rêve qui s'accordait avec l'esprit du tout nouveau pays dans lequel ils vivaient, un État où il importait peu d'être tchèque, allemand ou juif, où triomphait la démocratie, et où l'art et la science s'associaient pour garantir le bonheur de tout un peuple.

Simon Mawer, *Le Palais de verre*, Le Cherche Midi, 2012

DOCUMENT 4

Adrien Goetz est un historien et un écrivain spécialiste d'art. Ce roman a pour personnage principal une maison extraordinaire, construite au début du XXe siècle sur une avancée rocheuse dans la Méditerranée, à Beaulieu-sur-Mer. L'architecture de cette demeure est inspirée de celle des maisons de la Grèce antique. À travers le regard d'Achille, le fils de la cuisinière des voisins, l'auteur nous fait revivre l'histoire de la bâtisse et celle de Théodore Reinach, l'historien érudit qui la fit construire.

La maison suit la forme de la presqu'île et le mouvement des blocs de pierre où s'accrochent les algues. Elle est allongée au soleil, les murs pâles paressent, avec les joints des soubassements peints en rouge, les grands balcons ornés de bronzes, les terrasses qui se croisent. Elle n'a rien de régulier et pourtant il s'en dégage une harmonie qu'aucune autre villa ne possède. Le vent la caresse comme un yacht bien profilé.

De loin, c'est un jeu de cubes, trois morceaux de sucre posés sur une soucoupe, au café de la plage. Les oliviers vivent vieux au bord de l'eau. Dans l'anse de Beaulieu, ils sont protégés du mistral. Entre leurs branches, le soleil éclate au-dessus de Kérylos ; les reflets qui hachurent la mer isolent au milieu des rochers cette principauté mystérieuse.

Elle plaît tout de suite à ceux qui y arrivent par ce portail de bois qui pourrait être, à Ithaque, celui du palais d'Ulysse et qui s'ouvrait en grand pour les premières automobiles. On entre par le perron, en franchissant une haute porte de ce beau rouge antique, celui du labyrinthe de Minos à Cnossos. La première chose qui frappe, c'est le bruit du jet d'eau, la fraîcheur, la cour carrée avec ses colonnes où pousse un laurier-rose, penché vers la vasque, les couleurs douces. Il suffit de se laisser porter vers la bibliothèque, ouverte sur la Méditerranée, on découvre peu à peu les escaliers, les couloirs, les chambres…

Un pin parasol a construit pour les oiseaux une charpente qui s'agite avec douceur. Autour de lui, Théodore Reinach n'a pas voulu d'un vrai jardin, il a laissé les plus beaux arbres qui se trouvaient là, il en a planté d'autres, en désordre, quelques cyprès pour l'ombre, des rosiers, des plantes grasses trouvées dans l'arrière-pays et les palmiers de la Riviera. Une poignée de bancs de bois, jetés au hasard, pour lire et méditer, ont l'air de venir du Japon. Sous un auvent, une peinture de Pompéi, protégée par des vitres, change de teinte avec le jour. On pourrait croire qu'elle a été découverte ici. Elle ne représente rien, juste quelques guirlandes, très bien peintes. Elle donne la note juste, comme une citation découpée et collée à la première page d'un roman.

Adrien Goetz, *Villa Kérylos*, Grasset, 2017

DOCUMENT 5

Giuseppe Tomasi di Lampedusa, est un écrivain italien du XXe siècle, issu d'une famille noble sicilienne. L'auteur s'est inspiré ici de l'histoire de sa propre famille. Dans ce roman, Don Fabrizio Salina, prince sicilien, voit en 1860 l'histoire balayer tout ce qui faisait le statut de sa famille : sous l'impulsion de Garibaldi, et sous l'influence des idées nées un siècle plus tôt lors de la Révolution française, l'Italie s'unifie, la Sicile devient une région comme les autres et le nouveau pays adopte un système républicain n'ayant que faire des anciennes aristocraties. Les valeurs de l'ancien régime sont renversées au profit de la liberté républicaine, mais aussi du culte de l'argent et du libéralisme bourgeois. Le palais de la famille Salina, au charme désuet, est relégué au rang de témoin d'un passé prestigieux irrémédiablement révolu.

La salle de bal était toute d'or : lisse sur les corniches, tarabiscoté aux chambranles, damasquiné clair presque argenté sur des teintes moins claires sur les portes et sur les volets qui fermaient les fenêtres et les annulaient conférant ainsi au décor une orgueilleuse signification d'écrin qui excluait toute référence à l'extérieur indigne. Ce n'était pas la dorure voyante qu'étalent aujourd'hui les décorateurs, mais un or usé, aussi pâle que les cheveux de certaines fillettes du Nord, s'attachant à cacher sa valeur sous une pudeur désormais perdue de matière précieuse pour montrer sa beauté et faire oublier son prix ; çà et là sur les panneaux des nœuds de fleurs rococo d'une couleur si passée qu'elle ne semblait qu'une rougeur éphémère due aux reflets des lustres.

Cette tonalité solaire, la jaspure de scintillements et d'ombres firent cependant souffrir le cœur de Don Fabrizio qui se tenait noir et raide dans l'embrasure d'une porte : dans ce salon éminemment patricien des images champêtres lui venaient à l'esprit : le timbre chromatique était celui des emblavures à perte de vue autour de Donnafugata, extatiques, implorant la clémence sous la tyrannie du soleil : dans ce salon, comme dans les fiefs à la mi-Août, la récolte s'était achevée depuis longtemps, avait été emmagasinée ailleurs et, comme là, il n'en restait que le souvenir dans la couleur des chaumes ; brûlées d'ailleurs et inutiles. La valse dont les notes traversaient l'air chaud ne lui semblait qu'une stylisation du passage incessant des vents qui font des arpèges de leur deuil sur les surfaces assoiffées, hier, aujourd'hui, demain, toujours, toujours, toujours. La foule des danseurs parmi lesquels il comptait tant de ses proches par la chair sinon par le cœur finit par lui sembler irréelle, composée de cette matière dont sont tissés les souvenirs périssables, encore plus éphémères que celle qui nous trouble dans les rêves. Au plafond les Dieux, penchés sur leurs sièges dorés, regardaient en bas, souriants et inexorables comme le ciel d'été. Ils se croyaient éternels : une bombe fabriquée à Pittsburgh, Penn., leur prouverait le contraire en 1943.

« C'est beau, Prince, c'est beau ! Des choses comme ça on n'en fait plus désormais ; au prix actuel de l'or pur ! » Sedàra s'était placé près de lui, ses petits yeux vifs parcouraient le décor, insensible à la grâce, attentif à la valeur monétaire.

Giuseppe Tomasi di Lampedusa, *Le Guépard,* Points, 2006

DOCUMENT 6

Vincent Fagot est un journaliste spécialisé dans le domaine des nouvelles technologies. Il fait ici le point sur les transformations à venir dans nos maisons, notamment en matière d'électronique et de connectique. Il nuance cependant ces avancées en précisant qu'une certaine simplification dans l'installation et des progrès dans la cohésion du système électronique permettant de piloter l'ensemble seront nécessaires.

Las Vegas (Nevada) – Un bras robotisé qui aide en cuisine, un miroir qui donne des conseils de maquillage et d'habillement, un dispositif sécurisé et réfrigéré permettant la livraison des courses dans des casiers placés à l'entrée de la maison... Telle est l'image de l'avenir des intérieurs qui se dessine en parcourant les allées du Consumer Electronics Show (CES), qui a ouvert ses portes, mardi 7 janvier, à Las Vegas.

Au sein du plus grand salon d'électronique grand public du monde, les principaux constructeurs de produits électroniques domestiques ont fait de la maison connectée leur futur axe de développement. En effet, selon le cabinet Research & Markets, ce marché devrait croître de 16,5 % par an d'ici à 2025, pour atteindre un chiffre d'affaires de 144 milliards de dollars (130 milliards d'euros).

Pourtant, quel a été, jusqu'à présent, le bénéfice lié à la connectivité des appareils ménagers ? D'après le groupe coréen LG, qui a convié un groupe de journalistes dans le Nevada, elle a apporté plus d'efficacité, en permettant de commander des appareils par la voix ou avec son smartphone, et parfois une part de personnalisation, comme sur les téléviseurs de la marque, capables de détecter des programmes favoris.

De là à voir les appareils de la maison acquérir plus d'autonomie, interagir, voire devancer les besoins des consommateurs, le chemin est encore long. Il conduira peut-être à cette vision exposée par Samsung, où un robot à peine plus grand qu'une balle de tennis lance le café ou le thé au réveil, et surveille le chien en l'absence de ses maîtres.

À l'heure actuelle, les produits proposés dans le commerce tirent déjà profit de leur connectivité, tel le lave-linge LG, capable d'analyser par lui-même le contenu du tambour pour choisir le meilleur programme. Ou le frigo de la même marque, dont l'utilisateur peut voir le contenu à distance par le biais d'une application au moment de faire ses courses.

Sur le même type d'appareil, la dernière version du réfrigérateur Family Hub de Samsung est en mesure, grâce à ses caméras intelligentes, de reconnaître déjà une quarantaine de produits frais et plus d'une centaine de produits emballés, ce qui lui permet de suggérer des recettes et de lancer le préchauffage adéquat du four, une fois que le choix a été fait.

Si ce type de services, plutôt réservé à un électroménager haut de gamme, permet aux fabricants de justifier un surcoût par rapport à des modèles classiques, il induit aussi un changement dans l'approche du secteur. Il s'agit moins de penser à des produits individuels qu'à un écosystème de la maison, dans lequel les appareils interagissent. L'électricien Legrand propose un chauffe-eau qui se met en veille au moment où d'autres appareils consomment de l'électricité, afin de limiter la consommation globale.

Difficultés d'installation

Pour les fabricants de gros électroménager, cela modifie aussi le rapport au consommateur. Alors qu'ils ne voyaient leurs clients que tous les dix ans pour le renouvellement de leur matériel, ils peuvent désormais conserver, à travers ces équipements connectés, un contact régulier avec les utilisateurs par le truchement des applications qui les commandent.

« C'est un secteur où l'on peut faire des mises à jour comme on en fait sur nos téléphones, alors quand on peut communiquer auprès de nos utilisateurs sur de nouveaux services, on ne s'en prive pas », explique Matthieu Lanier, directeur du marketing sur l'électronique grand public chez Samsung France. « Ce n'est pas qu'une amélioration des produits. C'est une transformation de notre activité, a résumé I. P. Park, le patron de LG, lors de sa conférence. Ce qui comptait auparavant, c'était la vente au client ; aujourd'hui, c'est la connexion avec lui. »

Il reste à mener un gros effort de pédagogie auprès des consommateurs, en particulier en Europe, qui accuse un net retard par rapport aux États-Unis ou à l'Asie. « En France, les fabricants et les distributeurs ne sont pas prêts à aller vers du tout-connecté. On a besoin de mieux expliquer les bénéfices, de trouver des lieux pour démontrer les bénéfices », constate Damien Neymarc, l'un des principaux responsables du géant chinois Hisense dans l'Hexagone.

Pour gagner en popularité, la maison connectée doit s'affranchir des difficultés d'installation, afin que chacun puisse écrire ses propres scénarios, lui permettant, par exemple, de commander l'activation du robot aspirateur, la fermeture des volets et l'abaissement de la température, quelle que soit la marque de ces appareils. C'est ce que promettent les assistants virtuels tels que le Google Home ou l'Amazon Echo.

Aujourd'hui, faute de langage commun, tous les appareils ne communiquent pas encore entre eux. Cependant, la situation est en train de changer. En décembre 2019, Amazon, Apple, Google et la Zigbee Alliance (du nom d'un des protocoles utilisés par les objets connectés) ont annoncé leur partenariat, avec la volonté affichée de créer une norme universelle. Si le projet aboutissait, la maison connectée pourrait rapidement devenir une réalité.

Vincent Fagot, *Le Monde,* 13 janvier, 2020

Étude 2

Du délice d'être casanier

La maison nous évoque souvent des pensées très positives. Qui n'a jamais attendu avec impatience, durant une journée de travail difficile, l'instant de franchir le seuil de son chez-lui, de retirer ses chaussures, de savourer un bon thé (ou un chocolat ou autre) tranquillement ? La fiction rend compte de cette dimension affective, depuis le célèbre « E.T. téléphone maison » dans le film de Steven Spielberg au plus récent « Je rentre à ma maison » scandé par Scartman dans le dessin animé « South Park ». À quoi tient concrètement ce plaisir de passer du temps chez soi ? Comment la maison favorise-t-elle notre intimité et même notre sensualité ?

1 Le bonheur de se sentir protégé

- Tout d'abord, on constate une motivation particulière chez l'humain pour ce qui est d'œuvrer à son nid, à l'espace qui va l'abriter et protéger ses proches. Cette motivation se manifeste pour les plus courageux (et ceux qui maîtrisent les techniques de construction !) par l'exploit consistant à bâtir soi-même son cocon, réalisation qui emplit d'une légitime fierté. Pour la plupart d'entre-nous, il s'agira de l'exercice prolongé dans le temps d'une activité professionnelle pour financer la location ou l'achat d'un bien immobilier ; chez beaucoup, des journées entières de bricolage seront par ailleurs consacrées à améliorer l'habitat et à l'entretenir. Certains chinent sans compter les heures et l'argent dépensé pour meubler ou décorer leur habitation. C'est ainsi que l'on voit parfois, sur la devanture de jolies maisons, un écriteau affichant fort justement : « Pas sans mal ».

- Le plaisir de se sentir en sécurité chez soi est profondément ancré dans notre culture. Par exemple, le conte *Les Trois Petits Cochons* a marqué de nombreuses générations d'enfants : le cochon qui s'est donné le mal de bâtir en pierre, édifiant une bâtisse solide est en mesure de se protéger et de sauver ses deux frères contre le loup. Ce goût pour la pierre nous poursuit à l'âge adulte et l'on sait que l'immobilier représente en

France le placement favori des classes moyennes. D'ailleurs l'État et les collectivités ne s'y trompent pas, ayant su multiplier leurs sources de financement dans ce domaine. On se souvient de l'impôt sur les « portes et fenêtres », né sous la Révolution, supprimé définitivement en 1926 notamment car il encourageait chez les propriétaires les moins fortunés la construction de logements insalubres, peu éclairés et insuffisamment aérés. Nous avons aujourd'hui la taxe foncière, la taxe d'habitation (qui était censée disparaître), sans compter les droits de succession. Enfin, ce n'est pas un hasard si lors de la rédaction des Droits de l'Homme en 1789 la toute nouvelle Assemblée Nationale, a pris la précaution d'affirmer que les propriétés sont « un droit inviolable et sacré » insistant même par la proclamation : « nul ne peut en être privé » (article 17).

- Ce plaisir d'un sentiment de protection trouve une expression particulière dans les petits espaces. Une cabane (**▶ Doc. 1**), un joli studio, une petite pièce à soi, un coin de salle confortablement aménagé : certains espaces réduits contribuent à nous rassurer, à nous permettre de nous sentir bien. Dans une grande salle de séjour, on cherchera souvent à isoler par un meuble ou un ornement décoratif une partie de la pièce pour que le salon soit plus « cosy ». Cet adjectif qui vient de l'anglais signifie « confortable, agréable à vivre » mais il recèle une connotation de petitesse. On peut penser qu'un tel espace réduit nous rassure face à l'immensité et à la complexité d'une planète mondialisée, confrontés que nous sommes à l'infini des choix possibles. Mona Chollet évoque à ce sujet, dans son ouvrage *Chez soi*, une certaine « claustrophilie ». De même Gaston Bachelard met en avant dans son essai *Poétique de l'espace* la hutte comme une « heureuse intensité de pauvreté ». « De dépouillement en dépouillement, elle nous donne accès à l'absolu du refuge », analyse-t-il fort justement.

- Un agréable sentiment de protection peut nous envahir, par ailleurs, quand nous nous trouvons à l'abri dans notre maison alors qu'une tempête fait rage à l'extérieur. Le contraste aura même quelque chose de jouissif si, bien au chaud et « au sec », nous observons par la fenêtre des trombes d'eau s'abattre sur un sol déjà ruisselant, des bourrasques qui font plier les arbres, des éclairs zébrer le ciel et illuminer violemment cette scène de déluge. Henri Bosco a magistralement rendu compte de cette expérience dans son roman *Malicroix*. Le personnage principal, Martial de Mégremut hérite d'une bâtisse isolée au milieu d'une île sur le Rhône, en pleine Camargue. Pour rendre effectif l'héritage de son oncle, il doit vivre de longs mois dans ce lieu sauvage, subissant de fortes tempêtes méridionales, dans un sentiment de fragilité face aux colères de la nature et aux furies d'un Rhône déchaîné, mais aussi de sécurité grâce à l'abri de la Redousse, cette maison modeste mais étonnamment résistante (**▶ Doc. 2**).

2 Les joies de l'intimité

- Ce sentiment de protection fait de la maison le lieu idéal pour profiter de mon intimité, cette dimension existentielle qui m'autorise tout simplement, à être moi-même. C'est la raison pour laquelle nous ressentons souvent une certaine satisfaction quand, après une longue absence, nous retrouvons notre chez-nous. La maison est le lieu par excellence de la familiarité : comme nous en connaissons les moindres recoins, nous avons utilisé un nombre incalculable de fois ses ustensiles, nous nous sommes reposés de si nombreuses heures dans ses fauteuils, il s'en dégage une atmosphère rassurante car profondément connue, longuement expérimentée. Nous pouvons penser ici au célèbre poème de Joachim du Bellay : « Heureux qui comme Ulysse a fait un beau voyage » (**▶ Doc. 3**). Le premier vers est de loin le plus connu, mais on omet parfois de tenir compte du passé composé : « *a fait* ». L'idée du poème est surtout celle du plaisir de revenir : « *et puis est retourné…* » et : « reverrai-je le clos de ma pauvre maison Qui m'est une province, et beaucoup davantage ? ». De même Mona Chollet dans son ouvrage *Chez soi* évoque les retours de vacances, quand un séjour nous a « déshabitué des lieux » que nous retrouvons avec d'autant plus de joie (**▶ Doc. 4**).

- Cette familiarité des lieux, en même temps que l'impression de protection nous affranchissent du regard de l'autre, ce qui s'avère précieux pour nous autoriser à être nous-mêmes. Nous sommes ainsi souvent plus détendus à la maison. C'est d'ailleurs le lieu où nous nous habillerons d'une façon plus relâchée, certains en jogging ou en caleçon. L'important n'est plus de *paraître* devant les autres, de jouer un rôle social. Nous pouvons nous vêtir, nous tenir et finalement *être* comme nous le souhaitons. Cette bulle est aussi la plus propice à la tenue d'un journal intime : personne ne viendra lire par-dessus mon épaule, je peux faire le point en toute sincérité avec moi-même sur qui je suis, ce que je ressens, ce que je désire et ce que je ne veux plus.

- L'intimité se partage souvent avec nos proches. La maison est ainsi fréquemment le lieu qui protège et rassemble un couple et couramment des enfants. D'ailleurs ce n'est pas un hasard si le mot désignant la source traditionnelle de chaleur d'une maison est devenu synonyme de « famille » : le foyer. La maison est le lieu du partage des joies familiales, le cadre dédié par exemple pour les parties de jeux de société. Les enfants ne s'y trompent pas, qui jouent souvent à construire des cabanes (soit une petite maison… à l'intérieur de l'habitation parentale) et dont les tout premiers dessins consistent bien souvent à représenter des maisons. De nombreux artistes se sont également inspirés de ce thème. Ainsi le peintre Édouard Vuillard a su exprimer la chaleur du foyer familial, avec les teintes pastel choisies, les motifs sur les papiers peints qui se confondent avec la végétation à la fenêtre, les personnages occupés dans leurs tâches quotidiennes. Dans le tableau « Intérieur ensoleillé : Madame Vuillard », on ressent une certaine sérénité se dégageant de la mère de l'auteur – la tête penchée exprimant un retour sur sa tâche et sur elle-même – mais aussi du cocon de cette chambre que l'auteur parvient à nous rendre familière (▶ **Doc. 5**).

3 Maison et plaisirs sensuels

- Dans le cadre de la célèbre dichotomie entre nature et culture, ce serait à tort qu'on limiterait la maison à une marque de la civilisation. Il est vrai qu'elle peut apparaître comme un élément artificiel, d'autant plus susceptible de trancher avec la nature qu'elle est en général plutôt massive et de formes régulières : nombreuses perpendiculaires, lignes droites, symétries fréquentes. Cependant, à y regarder de plus près, les maisons se manifestent souvent en harmonie avec la nature. Beaucoup d'habitations donnent à voir des matériaux naturels bruts, non transformés chimiquement : la pierre et le bois. Souvent, elles sont assorties d'un jardin dont la surface dépasse celle de la construction et l'entoure. Parfois du lierre court sur la façade, des fleurs égayent les rebords de fenêtres et de balcons. Avec son poème *La Maison d'Hélène*, René-Guy Cadou a su rendre hommage à cette harmonie entre la maison et son environnement naturel (▶ **Doc. 6**). Enfin, une cabane dans un bois se fondra naturellement dans son écosystème (▶ **Doc. 7**).

- Plus proche de la nature qu'elle n'y paraît, la maison est un lieu privilégié pour le plaisir des sens. Tout d'abord, depuis notre habitation nous pouvons percevoir confortablement l'environnement extérieur (▶ **Doc. 7**) : vue sur un paysage ou le jardin, chant des oiseaux au lever du soleil, odeurs du gazon fraîchement coupé ou encore pour les résidants du littoral, le fameux air marin. Mentionnons aussi l'existence des espaces intermédiaires : balcons, terrasses, vérandas qui autorisent un lien avec la nature tout en conservant la protection de la maison. Notons enfin le cas particulier de la tente, que l'on peut considérer comme une maison provisoire faite de toile : on y goûte tout à la fois le plaisir d'être à l'abri et celui d'entendre le moindre souffle de vent dans les feuilles des arbres.

- Le plaisir des sens est aussi tourné vers l'intérieur, avec notamment les bonheurs de la gastronomie, le « fait maison » étant reconnu comme un gage d'authenticité et de qualité. Pour écouter de la musique, notre logis est un endroit privilégié également car il y est assez facile de s'isoler des bruits parasites. La sensualité de la maison, c'est aussi la volupté de la chaleur, même au plus fort de l'hiver : celle de nos radiateurs, convecteurs ou, pour les plus chanceux parmi nous : du poêle ou de la cheminée. Enfin, la maison représente le cocon le plus propice à la sexualité. Verlaine a bien su rendre compte de cette sensualité permise par l'habitation dans le poème XIV de son recueil *La bonne chanson*. Il y évoque la chaleur du foyer, la lumière tamisée, le thé fumant et « l'attente adorée De l'ombre nuptiale et de la nuit douce » (**▶ Doc. 8**).

DOCUMENT 1

Le Corbusier (Charles-Édouard Jeanneret-Gris de son véritable nom) est un architecte français du XXe siècle appartenant au mouvement moderne. Il a mis en pratique sa vision de ce qu'il appelait « la machine à habiter » après la Seconde Guerre mondiale, alors qu'avec le baby-boom le besoin de logements s'est considérablement accru. L'une de ses « unités d'habitation » les plus célèbres est la Cité radieuse à Marseille. Cette cité sans superflu mais avec tout le nécessaire possède même un gymnase sur son toit ! Le cabanon de Le Corbusier, de forme carrée, entièrement en bois, possède une surface de 15 mètres carrés seulement. Pourtant, le célèbre architecte y passa de nombreuses heures, à se reposer ou à travailler. En effet, malgré sa petite surface, l'essentiel est bien présent : couchette, table de travail, toilettes et même une œuvre d'art : la peinture murale à l'entrée. Le cabanon se caractérise également par une esthétique géométrique, épurée et une intégration harmonieuse dans son environnement.

Cabanon de l'architecte Le Corbusier, 1951,
Roquebrune-Cap-Martin

DOCUMENT 2

Henri Bosco est un écrivain français du XXᵉ siècle. Dans ce roman, Martial de Maigremut hérite de son oncle Malicroix un troupeau et une île sur le Rhône, en pleine Camargue. Cependant, pour que le bénéficiaire prenne véritablement possession de son héritage, le testament exige qu'il passe l'hiver sur place. Devant faire face à un fleuve déchaîné à la saison des pluies, Martial de Maigremut apprend à apprécier intimement la modeste demeure qui lui sert d'abri, la Redousse ; il découvre les secrets de son grand-oncle et apprend aussi à mieux se connaître lui-même.

La maison luttait bravement. Elle se plaignit tout d'abord ; les pires souffles l'attaquèrent de tous les côtés à la fois, avec une haine distincte et de tels hurlements de rage que, par moments, je frissonnais de peur. Mais elle tint. Dès le début de la tempête des vents hargneux avaient pris le toit à partie. On essaya de l'arracher, de lui casser les reins, de le mettre en lambeaux, de l'aspirer. Mais il bomba le dos et s'accrocha à la vieille charpente. Alors d'autres vents arrivèrent et se ruant au ras du sol ils foncèrent contre les murailles. Tout fléchit sous le choc impétueux, mais la maison flexible, ayant plié, résista à la bête. Elle tenait sans doute au sol de l'île par des racines incassables, d'où ses minces parois de roseaux crépis et de planches tenaient une force surnaturelle. On eut beau insulter les volets et les portes, prononcer des menaces colossales, claironner dans la cheminée, l'être déjà humain, où j'abritais mon corps, ne céda rien à la tempête. La maison se serra contre moi, comme une louve, et par moments je sentais son odeur descendre maternellement jusque dans mon cœur. Ce fut, cette nuit-là, vraiment ma mère. Je n'eus qu'elle pour me garder et me soutenir.

Henri Bosco, *Malicroix*, Gallimard, 1948

DOCUMENT 3

Joachim du Bellay est un poète français de la Renaissance (XVIe *siècle). Il participe du groupe de la Pléiade. Au service du cardinal Jean du Bellay, son oncle, il dut voyager à Rome où il s'acquitta, par ailleurs, de missions diplomatiques entre la papauté et le roi de France. Mais il ressentit de la nostalgie pour son Anjou natal, ce qui lui inspira ce recueil de poèmes,* Les Regrets.

Heureux qui, comme Ulysse, a fait un beau voyage,
Ou comme cestuy-là qui conquit la toison,
Et puis est retourné, plein d'usage et raison,
Vivre entre ses parents le reste de son âge !

Quand reverrai-je, hélas, de mon petit village
Fumer la cheminée, et en quelle saison
Reverrai-je le clos de ma pauvre maison,
Qui m'est une province, et beaucoup davantage ?

Plus me plaît le séjour qu'ont bâti mes aïeux,
Que des palais Romains le front audacieux,
Plus que le marbre dur me plaît l'ardoise fine :

Plus mon Loir gaulois, que le Tibre latin,
Plus mon petit Liré, que le mont Palatin,
Et plus que l'air marin la doulceur angevine.

Joachim du Bellay, *Les Regrets*,
« Heureux qui comme Ulysse », 1558

DOCUMENT 4

Mona Chollet est une journaliste pour Le Monde *et l'auteure de nombreux essais. Dans* Chez soi, *elle prend la défense des casaniers et rédige un éloge de la maison.*

La porte s'ouvrait, et j'étais éblouie. Notre absence nous avait déshabitués des lieux ; elle les avait enveloppés dans un torchon et les avait frottés jusqu'à les débarrasser de la poussière déposée par la routine d'une année scolaire. Je les retrouvais comme neufs, et même bien mieux que neufs, car ils irradiaient de la densité des souvenirs accumulés, du sens débordant dont ils étaient chargés à mes yeux. Je percevais tout, chaque détail et l'ensemble qu'ils formaient, avec une intensité que seule la mémoire, la plupart du temps, est capable de conférer. Je prenais conscience comme jamais de ma chance de disposer d'un tel royaume. Il semblait fourmiller de possibilités, me promettre les plus grandes voluptés, les plus grandes révélations. Aujourd'hui encore, répondre à cet appel est sans doute ce qui m'intéresse le plus dans la vie. Ce que je recherche dans le voyage, c'est la façon dont il enrichira l'après, plus que le voyage en lui-même. L'essentiel pour moi, se joue dans le quotidien, dans l'ordinaire, et non dans sa suspension.

Mona Chollet, *Chez Soi*, La Découverte, 2016

DOCUMENT 5

Edouard Vuillard est un peintre français de la fin du XIX*e et du début du* XX*e siècles. Il cofonde le mouvement postimpressionniste « nabi ». Peintre intimiste, il est connu notamment pour ses scènes d'intérieur.*

Édouard Vuillard, *Intérieur ensoleillé : Madame Vuillard chambre à la closerie des genêts,* 1921

DOCUMENT 6

René Guy Cadou est un poète français de la première moitié du XXe siècle. En 1941, il contribue à fonder l'École de Rochefort : en réaction à la poésie « traditionnelle » mise en avant par le gouvernement de Vichy, cette école (qui se veut plus une « cour de récré », affirme le poète) prône la liberté et le retour à la nature. En 1946, René Guy Cadou épouse la poétesse Hélène Laurent, à qui ce poème est dédié.

Il a suffi du liseron du lierre
Pour que soit la maison d'Hélène sur la terre
Les blés montent plus haut dans la glaise du toit
Un arbre vient brouter les vitres et l'on voit
Des agneaux étendus calmement sur les marches
Comme s'ils attendaient l'ouverture de l'arche
Une lampe éparpille au loin son mimosa

Très tard les grands chemins passent sous la fenêtre
Il y a tant d'amis qu'on ne sait plus où mettre
Le pain frais le soleil et les bouquets de fleurs
Le sang comme un pic-vert frappe longtemps les cœurs
Ramiers faites parler la maison buissonnière
Enneigez ses rameaux froments de la lumière
Que l'amour soit donné aux bêtes qui ont froid
À ceux qui n'ont connu que la douceur des pierres

Sous la porte d'entrée s'engouffre le bon vent
On entend gazouiller les fleurs du paravent
Le cœur de la forêt qui roule sous la table
Et l'horloge qui bat comme une main d'enfant

Je vivrai là parmi les roses du village
Avec les chiens bergers pareils à mon visage
Avec tous les sarments rejetés sur mon front
Et la belle écolière au pied du paysage.

René Guy Cadou, *Hélène ou le règne végétal,*
Pierre Seghers éditeur, 1951

DOCUMENT 7

Sylvain Tesson est un écrivain français né en 1972. Géographe de formation, amoureux des grands espaces naturels, il est notamment célèbre pour ses récits de voyage.

La vie dans les bois permet de régler sa dette. Nous respirons, mangeons des fruits, cueillons des fleurs, nous baignons dans l'eau de la rivière, et puis un jour, nous mourons sans payer l'addition à la planète. L'existence est une grivèlerie. L'idéal serait de traverser la vie tel le troll scandinave qui court la lande sans laisser de trace sur les bruyères. Il faudrait ériger le conseil de Baden-Powell en principe : « Lorsqu'on quitte un lieu de bivouac, prendre soin de laisser deux choses. Premièrement : rien. Deuxièmement : ses remerciements. »

L'essentiel ? Ne pas peser trop à la surface du globe. Enfermé dans son cube de rondins, l'ermite ne souille pas la Terre. Au seuil de son isba, il regarde les saisons danser la gigue de l'éternel retour. Privé de machine, il entretient son corps. Coupé de toute communication, il déchiffre la langue des arbres. Libéré de la télévision, il découvre qu'une fenêtre est plus transparente qu'un écran. Sa cabane égaie la rive et pourvoit au confort. Un jour, on est las de parler de « décroissance » et d'amour de la nature. L'envie nous prend d'aligner nos actes et nos idées. Il est temps de quitter la ville et de tirer sur les discours le rideau des forêts.

La cabane, royaume de simplification. Sous le couvert des pins, la vie se réduit à des gestes vitaux. Le temps arraché aux corvées quotidiennes est occupé au repos, à la contemplation et aux menues jouissances. L'éventail de choses à accomplir est réduit. Lire, tirer de l'eau, couper le bois, écrire et verser le thé deviennent des liturgies. En ville, chaque acte se déroule au détriment de mille autres. La forêt resserre ce que la ville disperse.

Sylvain Tesson, *Dans les forêts de Sibérie*, Gallimard, 2011

DOCUMENT 8

Catherine Clément est une philosophe française née en 1939. Elle se souvient avec émotion, dans cet essai, de sa maison natale et de son environnement naturel, autour de la Loire.

Louis tomba amoureux, comme tout le monde ici. Quand on voit la maison, on a plusieurs raisons pour un coup de foudre. On peut s'éprendre, au choix :

- Du fleuve sous les fenêtres, « ct'iau qui coule » emportant les mouettes, les troncs, les tas d'écume, les noyés, les skieurs nautiques, les canoës, gabares, futreaux, barques noires et voiliers.
- De la vue infinie s'étendant sur la droite, large comme le Nil, vaste comme le Gange et bleue comme le Niger, jaune comme l'Amazone, emblème de tous les fleuves. Loire éternelle bordée de peupliers et de saules vert amande.
- De l'alliance éclatante entre pierre et ardoise, le tuffeau, blanc et or, l'ardoise, violet et bleu, et des fleurs qui les couvrent en été.
- Des trois tilleuls depuis trois siècles alignés, si vieux que leurs troncs abritent des champignons.
- Du sable rose qui dévore les eaux.
- Du sommeil délicieux, profond, emmitouflé de fleuve.
- Des vins de coteaux, rose, blanc, sec, sucré, clairet, ou rouge sang de bœuf.
- Du bruit étouffé des trains la nuit sur l'autre rive, signe de beau temps pour le lendemain.
- De la paix qui instille ses semences dans l'air, le plus léger, le plus haut.
- Du silence.

Catherine Clément, *Maison mère*, Nil, 2006

DOCUMENT 9

Verlaine est un poète du XIX*e siècle associé au mouvement symbolique. Il adresse son recueil* La Bonne Chanson *à Mathilde Mauté de Fleurville qu'il épouse en 1870.*

XIV

Le foyer, la lueur étroite de la lampe :

La rêverie avec le doigt contre la tempe

Et les yeux se perdant parmi les yeux aimés :

L'heure du thé fumant et des livres fermés ;

La douceur de sentir la fin de la soirée ;

La fatigue charmante et l'attente adorée

De l'ombre nuptiale et de la douce nuit,

Oh ! tout cela, mon rêve attendri le poursuit

Sans relâche, à travers toutes remises vaines,

Impatient des mois, furieux des semaines !

Paul Verlaine, *La Bonne chanson*, 1870

Étude 3

Des drames domestiques

La maison, cependant, ne nous met pas à l'abri des aléas de l'existence. Elle peut même être source de tourments. Elle représente un investissement énorme pour la plupart des ménages, l'achat d'une vie, et si des problèmes financiers nous frappent (perte d'emploi, travaux imprévus), nous pouvons traverser des situations difficiles, voire cauchemardesques. Par ailleurs, la maison constitue sans doute un rempart contre la plupart des agressions extérieures mais à l'intérieur de ce « bastion », il se déroule parfois, à l'abri des regards, de terribles drames.

1 Maison et précarité : du gouffre financier à l'expropriation

- Le logement est la principale source de dépenses pour les ménages français, d'autant qu'une véritable bulle a conduit à une hausse prodigieuse des prix de l'immobilier (le prix du mètre carré a doublé dans les 20 dernières années, quadruplé à Paris !) Les achats nécessitent des emprunts dont les remboursements sont de plus en plus longs : jusqu'à 30 ans aujourd'hui ! Souvent, il ne s'agit pas seulement d'acheter : des travaux sont à prévoir. Le nouveau propriétaire n'a pas forcément acquis son habitation en pleine connaissance de l'état de sa maison. La procédure judiciaire contre les vices cachés peut durer des années et elle n'aboutit pas toujours. En tout cas, si l'on se retrouve avec l'isolation de la maison déficiente, la tuyauterie fuyante, le réseau électrique défectueux ou pire, la toiture, le ravalement à refaire, les travaux peuvent se chiffrer en dizaine de milliers d'euros et mettre le nouveau propriétaire dans l'impossibilité d'honorer ses remboursements.
- Perdre sa maison est un véritable drame dans une vie. Cela a pu arriver pour des raisons politiques : par exemple au début des années 1980 en Libye, Kadhafi, fidèle à la doctrine de son *Petit Livre Vert*, décide d'expérimenter une interdiction de la propriété privée ; De nombreux propriétaires se retrouvent à la porte de leur propre maison. Riad Sattouf a témoigné avec ironie des conséquences de cette politique absurde

dans sa bande dessinée *l'Arabe du futur.* D'autres perdent leur maison suite à une catastrophe naturelle (tremblement de terre, ouragan). Mais le plus souvent, les expropriations font suite à d'importantes difficultés financières, rendant impossible aux locataires d'honorer leur loyer ou aux propriétaires de payer leurs traites mensuelles à la banque qui leur a accordé un crédit. Dans *Sunset Park,* Paul Auster a su dépeindre la détresse des Américains expropriés suite à la crise des subprimes de 2007 (**▶ Doc. 1**). Le personnage principal, Miles Heller a pour fonction de débarrasser les maisons saisies par les banques et de photographier les meubles et objets laissés par les ex-propriétaires. En considérant ces affaires personnelles, on saisit comme la perte d'une maison va au-delà du drame financier : c'est une part de l'intimité des personnes expropriées qui leur a été arrachée.

- Un logement décent demeure un rêve inaccessible pour de nombreux Français. Le pays compte 4 millions de personnes mal logées d'après la fondation *Abbé Pierre*. Derrière l'image d'Épinal du « clochard » se cachent des réalités très complexes. Du mal logé au sans-abri en passant par les sans domicile fixe, les situations se révèlent très variées (mais les glissements de l'une à l'autre sont fréquents). Certains sont en logement précaire : familles nombreuses dans des appartements surpeuplés, fils ou fille de retour provisoire dans le domicile trop exigu des parents, personne expulsée pour défaut de paiement et logée chez des amis. D'autres ont accès provisoirement à des logements payés par des associations ou à des chambres d'hôtel. 100 000 à 200 000 personnes sont véritablement sans abri et doivent régulièrement dormir dans la rue. Elles peuvent être hébergées en hiver dans des centres d'urgence qu'il faut quitter le matin. Certains, cependant, refusent ces solutions et préfèrent encore la rue : angoisse d'une trop grande promiscuité, interdiction des animaux de compagnie, bannissement de l'alcool – les situations de dépendance sont fréquentes. On déplore de nombreuses problématiques connexes. Ainsi, les pathologies médicales sont souvent mal suivies. D'après une étude du collectif *Les morts dans la rue,* plus de 50 % des décès de sans-abris recensés en 2018 concernent des personnes de moins de 50 ans, ce qui indiquerait une espérance de vie de 30 ans inférieure à la moyenne nationale ! On relève aussi un manque d'interactions sociales pour les individus ballotés d'un hébergement à l'autre : pas de relation de voisinage possible par exemple. Sans adresse physique, il est par ailleurs plus difficile d'exercer sa fonction de citoyen : l'absence de maison exclut aussi de la vie politique. Théoriquement, une domiciliation auprès d'un centre communal d'action social ou d'un organisme agréé par la préfecture peut permettre d'accéder au vote mais les démarches restent rares. Enfin, l'absence de maison pose des difficultés d'estime de soi, d'identité. Dans une fondation comme *Abbé Pierre,* après avoir été aidée, une personne peut s'investir à son tour pour les mal-logés et les sans-abris, redonnant ainsi du sens à son parcours.

2 Quand la vie en commun tourne au cauchemar

- Cependant, disposer d'une habitation n'est pas, loin s'en faut, un gage de bonheur garanti. La maison nous protège dans une certaine mesure des dangers extérieurs mais à l'intérieur des drames pourront se dérouler et parfois des tragédies. Nous pouvons citer tout d'abord le destin parfois cruel des femmes durant les longs siècles de domination masculine. « La maîtresse de maison » a-t-on coutume de dire : doux euphémisme ! Il est longtemps paru naturel et évident que les tâches ménagères, la cuisine et l'éducation des enfants incombaient aux femmes tandis que les activités professionnelles, la conduite des affaires de la cité, les sorties étaient l'apanage des hommes. La littérature a rendu compte de cette injustice. Henrik Ibsen déjà dans sa pièce de théâtre *Une maison de poupée* (sortie en 1879) présente une femme, Nora, qui prend conscience qu'elle a toujours été le jouet des hommes : de son père, puis de son mari. Nora finit par décider de quitter le foyer familial pour découvrir le monde et se découvrir elle-même. Simone de Beauvoir développe, elle, dans son célèbre ouvrage *Le deuxième sexe* (édité en 1949), le fait que le mariage repose, à son époque encore, davantage sur des considérations économiques que sur l'amour ; la femme se trouve dès lors contrainte de se placer toute sa vie sous la domination d'un homme qu'elle n'a que très rarement choisi, ce qui n'est pas un gage de vie commune épanouie... Marguerite Duras va jusqu'à évoquer, dans *La vie matérielle,* les générations de femmes malheureuses qui se sont succédé dans certaines vieilles bâtisses ((▶ **Doc. 2**).

- L'ambiance dans une maison n'est pas forcément chaleureuse. Elle peut s'avérer glaciale, voire terrible. Ainsi les violences psychologiques font d'importants dégâts humains. On pense aux couples passionnels qui se déchirent sans pouvoir se passer l'un de l'autre, aux enfants subissant les disputes incessantes des parents, aux jeunes sans cesse rabaissés, aux familles sous la coupe d'un homme au comportement tyrannique, aux colères froides générant des atmosphères écrasantes. Edward Hopper a peint des scènes domestiques où le confort bourgeois s'accompagne d'une ambiance glaciale de non-communication (▶ **Doc. 3**). Parfois la violence devient physique. Certains parents pensent ainsi qu'une bonne éducation suppose des distributions régulières de claques. Rappelons aussi qu'en moyenne, dans notre pays, une femme sur 10 déclare avoir subi des violences conjugales ! Par ailleurs, la grande majorité des viols et des attouchements incestueux se déroulent à l'abri des regards, dans l'intimité familiale de la maison.

- Le voisinage peut représenter une véritable nuisance. On songe ici aux individus qui multiplient les fêtes, font résonner leur musique à très fort volume, gâtent le paysage en entassant dans leur jardin une collection de carcasses de voitures dans un but mystérieux, possèdent un grand nombre d'animaux qui viennent faire leurs besoins chez vous, se garent devant votre garage… Julia Deck dans son roman *Propriété privée* raconte l'expérience d'un couple qui se réjouit de devenir propriétaire d'un pavillon. La déconvenue est brutale car peu de temps après leur achat, des voisins emménagent dans la maison mitoyenne à la leur et se révèlent très bruyants, d'un sans-gêne absolu (**▶ Doc. 4**). En immeuble, quand une famille bruyante s'installe au-dessus de chez vous, la cohabitation peut tourner au cauchemar, surtout si les cloisons et la dalle sont mal isolées d'un point de vue phonique : femmes gardant leurs chaussures à talons, enfants que l'on laisse jouer en criant à tue-tête sans jamais intervenir, volume très élevé de la télévision.

3 Des maisons hantées par la mort

- On le sait assez peu mais les accidents domestiques entraînent chaque année en France des millions de blessés et près de 12 000 tués, soit quatre fois plus que les accidents de la route ! Les enfants et les personnes âgées sont les plus touchés. Pour les premiers, il s'agit même de la plus importante cause de mortalité. Les sources de dangers chez les plus jeunes sont très nombreuses : étouffements (petits objets, alimentation inappropriée, sac en plastique), chute dans les escaliers ou depuis la table à langer, meuble placé sous la fenêtre ou table sur le balcon permettant à l'enfant de passer par-dessus une balustrade, brûlure avec une casserole dont la queue pointait vers l'avant ou avec un radiateur, coupure avec un couteau, médicament ou produits ménagers toxiques avalé. Une piscine dans le jardin représente souvent un rêve… qui peut tourner au cauchemar : noyades, accidents de plongeon. Les adultes aussi ne sont pas à l'abri. Ils doivent se méfier, par exemple, des multiprises défectueuses et des accidents de bricolage (tondeuse, scie circulaire…) Enfin il importe que la salle de bains soit équipée de dispositifs antidérapants et, pour les personnes âgées, de barres de soutien.

- Quand nous nous trouvons confrontés à la perte d'un proche, pénétrer sa maison décuple notre tristesse car l'intimité de la personne disparue s'y est inscrite comme nulle part ailleurs. Ainsi Lydia Flem évoque dans son roman autobiographique *Comment j'ai vidé la maison de mes parents* la tâche très douloureuse consistant à trier les affaires de ses parents décédés (**▶ Doc. 5**). Loupe, petit carnet, vêtements : tous ces objets font revivre ses parents… en même temps qu'ils en crient la tragique absence. La perte d'un enfant représente un drame plus terrible encore. Souvent pour les parents il apparaît insurmontable pendant des années de réinvestir la chambre de leur fils ou de leur fille, comme si changer l'usage de cette pièce les mettait trop en face de cette vérité insurmontable que constitue la disparition définitive d'un être tant aimé.

▶ Enfin, certaines maisons nous paraissent marquées par l'horreur de drames qui s'y sont déroulés, des meurtriers qui y ont vécu. La demeure semble alors pour beaucoup comme maudite, hantée. Ainsi les maisons où Hitler a vécu ont constitué, après guerre, un embarras pour les localités concernées. Berchtesgaden a fait détruire après la Seconde Guerre mondiale la maison de villégiature du dictateur nazi, le Berghof. Il s'agissait notamment d'éviter des rassemblements de nostalgiques du troisième Reich. Pour éviter un tourisme macabre, la maison de Marc Dutroux en Belgique a été détruite et remplacée par un mémorial en souvenir des victimes du criminel pédophile. On peut se demander pourquoi les lieux semblent, aux yeux des humains, conserver un tel lien avec les crimes commis. Une maison où l'on sait publiquement qu'un crime a été perpétré perd même de sa valeur sur le marché immobilier. Pourtant si le criminel a été neutralisé, il n'y a objectivement pas plus de danger à cet endroit qu'ailleurs ! Tout se passe comme si dans nos croyances profondes, une maison pouvait être *imprégnée* de ce qui s'est passé en elle. Au fond, plus de personnes semblent croire aux maisons hantées qu'on ne le penserait *a priori* ! Edgar Poe dans *La Chute de la maison Usher* décrit une maison dont l'apparence inquiétante donne l'intuition dérangeante qu'un drame a eu lieu dans ses murs **(▶ Doc. 6)**. Inversement, Ruth Zylberman dans *209 rue Saint-Maur, Paris X*[e], présente le contraste entre les drames qui se sont déroulés à cette adresse durant la Seconde Guerre mondiale (la rafle de Juifs qui ont été déportés vers les camps d'extermination) et la noble façade de ce bel immeuble haussmannien.

DOCUMENT 1

Michel Contat est un écrivain et critique littéraire travaillant notamment pour Le Monde. *Il analyse ici un roman de Paul Auster :* Sunset Park. *Le récit qui se déroule aux États-Unis a pour personnage principal Miles Heller, dont la profession consiste à inventorier et photographier les affaires laissées par les personnes expulsées de leurs maisons. Par ce biais, l'auteur nous propose un regard pudique et touchant sur la souffrance intime des victimes d'expropriation suite à la crise financière de 2008.*

Un écrivain qui souffre de l'Amérique, la sienne, celle qui fascine par son modèle économique et son mode de vie ou de mort, voit sa conscience littéraire s'éveiller : il faut qu'il donne au monde le « grand roman américain ». Cette ambition constituait déjà le mythe moteur de Theodore Dreiser (*An American Tragedy*) dans les années 1920, de John Dos Passos avec l'admirable trilogie U.S.A. (1930-1936, Gallimard, « Quarto », 2002). Durant les années 1970, s'y mettent Don DeLillo (*Americana*, Babel), puis Philip Roth qui en fait ironiquement un titre, *The Great American Novel* (Folio). Il en réalisera plus tard un chef-d'œuvre avec *La Tache* (2000, Folio). Sans oublier, pour ne mentionner que les plus connus, Thomas Pynchon, *Vineland* (1990, Points) et, bien sûr, Paul Auster, *Léviathan* (1992, Babel).

Après *La Comédie humaine*, de Balzac, *Les Rougon-Macquart*, de Zola, *Les Hommes de bonne volonté*, de Jules Romains, *Les Thibault*, de Roger Martin du Gard, *Les Chemins de la liberté*, de Sartre, qui en signa peut-être l'échec pour avoir voulu écrire un film-opéra romanesque, peu d'écrivains ici osent afficher le projet du « grand roman français ». La résurgence de cette ambition inavouée fournit pourtant à la rentrée littéraire 2011 un vrai thème de réflexion, avec notamment les épais romans sociaux d'Alexis Jenni, *L'Art français de la guerre* (Gallimard), et d'Éric Reinhardt, *Le Système Victoria* (Stock).

De son côté, Paul Auster, avec *Sunset Park*, confirme son ambition d'écrire l'état présent de la société américaine et le rôle qu'y peut jouer l'écrivain – ambition évidente dans ses œuvres depuis une vingtaine d'années. Il y a connu des réussites diverses, des hauts et des fléchissements qui tiennent peut-être à ce qu'il s'est livré, après Léviathan, à des expérimentations narratives au moyen d'échappées vers le fantastique. Avec toujours cette virtuosité dans l'art de captiver le lecteur par des récits gigognes et une prose soyeuse, *Sunset Park* effectue un tournant vers ce qu'on pourrait appeler le réalisme de conviction. Et c'est bien, sentons-nous, une forte émotion qui l'y a incité : la colère. Une certaine sorte de colère, blanche, retenue, désespérée.

« *Depuis un an, maintenant, il prend des photos d'objets abandonnés.* » Première phrase du livre. Nous apprenons vite que nous sommes à la fin de la première décennie du XXIe siècle, en pleine crise économique, dans des quartiers paupérisés et que ces objets épars ont été laissés là par les expulsés. Les banques avaient prêté à des taux élevés de quoi acheter des maisons. Maintenant, les impayés s'accumulant, elles les saisissent pour revendre. On dirait qu'un ouragan est passé par là : la bulle immobilière a éclaté, la finance toxique s'est répandue partout. Surgissent dans notre propre mémoire visuelle les photos sinistres qu'a prises Robert Polidori dans le *9th Ward* de La Nouvelle-Orléans après l'ouragan Katrina. Là où nous sommes, en Floride, un jeune homme débarrasse en équipe les maisons souillées, dévastées. Ce n'est pas une catastrophe naturelle, mais une guerre où un capitalisme financier devenu fou de cupidité et de cruauté a gagné contre les pauvres. Le jeune homme qui photographie n'est ni révolté ni résigné ; il voudrait juste que ces témoignages muets d'une défaite restent en mémoire. Ce garçon, Miles Heller, 28 ans, a connu, douze années auparavant, la dévastation psychologique et morale : sur une route de montagne, se querellant avec son demi-frère aîné, il l'a poussé, une voiture l'a renversé, tué sur le coup ; il ne sait pas s'il est responsable ou non de cette mort ; en tout cas il ne se la pardonnera jamais. Il s'est exilé de sa propre vie, survivant au jour le jour. Le roman raconte son lent retour, à l'amour aussi, et une nouvelle catastrophe, peut-être le signe avant-coureur d'un fascisme à l'américaine, ultralibéral.

À la fin, d'autres images surgissent pour nous, cinématographiques, celles, par exemple, du documentaire de fiction *Cleveland contre Wall Street*, de Jean-Stéphane Bron (2010), où des policiers armés pénètrent brutalement dans des maisons pauvres pour en expulser les habitants en saccageant tout. Entre ce début et cette fin, nous aurons suivi avec empathie cinq personnages liés à la vie de Miles Heller, chaque partie du roman épousant le point de vue et le langage de celui qui en est le centre, ce qui constitue une très belle réussite littéraire. Inoubliables, resteront ces visages et ces corps pour qui Paul Auster, le conteur, éprouve de l'amitié, et puis cette sourde colère contre l'Amérique crépusculaire qui aujourd'hui les écarte ou les piétine.

Michel Contat, *« Sunset Park », de Paul Auster : la grande colère américaine*, *Le Monde*, 6 octobre 2011

DOCUMENT 2

Marguerite Duras (de son véritable nom Marguerite Donnadieu) est une écrivaine française du XXe siècle. Dans son œuvre, elle met en avant la liberté, explorant notamment la sensualité au long de l'Amant, roman à caractère autobiographique. Même si elle refuse l'étiquette de « féministe », elle a souvent, comme ici dans ce recueil de textes, dénoncé les abus du patriarcat.

Les chaumières devaient être solides dans la forêt contre les loups, les hommes. On est en 1350 par exemple. Elle a vingt ans, trente ans, quarante ans, pas plus. Elle ne va encore que très rarement au-delà de cet âge. Dans les villes il y a la peste. Elle a faim tout le temps. Peur. C'est la solitude qui s'écoule autour de la forme famélique, qui fonde le règne. Ce n'est pas la faim ni la peur. Michelet ne peut pas penser à nous tellement nous sommes maigres, rachitiques. Nous faisons dix enfants pour en garder un. Notre mari est loin.

Quand serons-nous lassées de cette forêt-là de notre désespoir ? De ce Siam ? De l'homme qui mettait le premier le feu au bûcher ?

Pardonnez-nous d'en parler si souvent.

Nous sommes là. Là où se fait notre histoire. Nous n'avons pas d'amants sauf ceux du sommeil. Nous n'avons pas de désirs humains. Nous ne connaissons que le visage des bêtes, la forme et la beauté des forêts. Nous avons peur de nous-mêmes. Nous avons froid à notre corps. Nous sommes faites de froid, de peur, de désir. On nous brûlait. On nous tue encore au Koweit et dans les campagnes de l'Arabie.

Il y a aussi des maisons trop bien faites, qui sont trop bien pensées, sans incident aucun, pensées à l'avance par des spécialistes. Par incident, j'entends l'imprévisible que révèle l'usage de la maison. La salle à manger est grande parce que c'est là qu'on reçoit les invités, mais la cuisine est petite, de plus en plus petite. Mais on y mange toujours, on s'y entasse – quand l'un sort tous les autres doivent se lever mais on ne l'a pas abandonnée.

On voudrait désapprendre aux gens à manger dans la cuisine et c'est là qu'ils se retrouvent, qu'ils vont tous le soir venu, c'est là qu'il fait chaud et qu'on reste avec la mère qui fait la cuisine tout en parlant. L'office, là où on fait le linge, la lingerie, ça n'existe plus non plus et c'est pourtant irremplaçable, comme les cuisines larges, les cours.

Marguerite Duras, *La vie matérielle*, Gallimard, 1994

DOCUMENT 3

Edward Hopper est un peintre américain du XX*e siècle. Il appartient au mouvement réaliste. Il met en scène, notamment, la solitude et la mélancolie dans le monde moderne et porte un regard critique sur la classe moyenne aux États-Unis.*

Edward Hopper, *Chambre à New York*, 1932

DOCUMENT 4

Julia Deck est une écrivaine française née en 1974. Dans Propriété privée, *elle fait le récit d'un couple qui se réjouit de devenir propriétaire de son pavillon, avant de connaître une relation infernale avec ses voisins. L'auteur opère une critique mordante de la classe moyenne dans les zones périurbaines, non sans tempérer ce regard acerbe par l'humour.*

Une brune gracile en Justaucorps et fuseaux noirs se tenait sur le seuil, un bambin juché sur la hanche. Elle me tendait un biberon.

- Micro-ondes, a-t-elle commandé. Trente secondes, pas une de plus.

J'ai pris le biberon comme on accepte les tracts à la sortie du métro, quand le geste est trop catégorique pour vous laisser la possibilité de refuser. La brune m'a emboité le pas vers la cuisine.

Tu avais foutu le camp, mais je t'entendais marcher dans ton bureau, à l'affût du moment où elle s'en irait. Je me suis avancée vers le micro-ondes. J'ai cherché où brancher l'appareil, mais toutes les prises avaient disparu. Je ne retrouvais rien dans ma cuisine, alors qu'une semaine plus tôt j'en maitrisais le territoire les yeux fermés. Les larmes sont remontées.

- Ça n'a pas l'air d'aller, a gloussé la brune.

Tu as aussitôt reparu.

- Charles Caradec, enchanté. Ne faites pas attention à ma femme, elle est un peu sonnée.

La brune a gloussé de nouveau mais plus nerveusement. C'est l'effet que tu fais aux jeunes femmes impressionnables.

- Annabelle Lecoq, a-t-elle bredouillé en extirpant sa menotte de la poignée virile dont tu la gratifiais.

Puis elle s'est tournée vers moi pour me réclamer un café.

- Ici, c'est moi qui fais le café, as-tu déclaré avant de prendre les choses en main.

Négligeant les tasses que je venais de déballer, tu as fait couler un expresso dans un gobelet en plastique que nous recyclions depuis huit jours. Après quoi tu l'as escortée vers la sortie, elle, son fils et son biberon que tu avais réussi à faire réchauffer en trente secondes, pas une de plus.

- Quelle conne, j'espère qu'on ne va pas trop l'entendre avec son gosse, as-tu conclu en refermant la porte.

Julia Deck, *Propriété privée,* Éditions de Minuit, 2019

DOCUMENT 5

Lydia Flem est une psychanalyste et une écrivaine belge née en 1952. Elle aborde dans cet essai la douloureuse tâche consistant à trier les affaires de ses parents après leur décès. On saisit à travers cet ouvrage comme les maisons s'imprègnent de la présence de ceux qui les ont habitées.

« De tous les coins et recoins émergeaient toujours davantage de feuilles, d'enveloppes, de cartes, de notes, de cahiers, de petits carnets, de photocopies, de photographies, de plans, de brouillons, de listes, de pense-bêtes. J'en avais le tournis.

Devais-je, par fidélité, conserver ces infimes fragments de vie ? Leur étais-je enchaînée ? Mon père et ma mère avaient peut-être inconsciemment cherché à ensevelir l'horreur sous l'abondance de l'anecdotique, du quotidien, des petits bonheurs soutirés à la vie, au coup par coup, c'est toujours ça de pris à l'ennemi. Chacun garde intentionnellement ou par hasard, par paresse, par lassitude, des tas de paperasses. Mes parents avaient conservé presque toutes les strates de leur vie, tout ce qu'ils avaient pu sauver du néant : bouclier imaginaire contre le vide qui demeurait en eux ? Mais en quoi cela me concernait-il à présent ? Je n'étais pas censée, en devenant leur héritière, me faire leur psychanalyste. J'étais partagée entre l'envie de poursuivre mon exploration et le désir de plus en plus puissant de bazarder le tout. La curiosité m'en empêchait encore. »

Lydia Flem, *Comment j'ai vidé la maison de mes parents*,
Seuil, p. 84-85, 2004

DOCUMENT 6

Edgar Allan Poe est un écrivain américain de la première moitié du XIXe siècle. Affilié au courant romantique, il est également considéré comme un précurseur du genre fantastique. Cette nouvelle porte sur une maison triste et sinistre, dont on pressent qu'elle a été – ou sera – le théâtre d'un drame.

Pendant toute une journée d'automne, journée fuligineuse, sombre et muette, où les nuages pesaient lourd et bas dans le ciel, j'avais traversé seul et à cheval une étendue de pays singulièrement lugubre, et enfin, comme les ombres du soir approchaient, je me trouvai en vue de la mélancolique Maison Usher. Je ne sais comment cela se fit, – mais, au premier coup d'œil que je jetai sur le bâtiment, un sentiment d'insupportable tristesse pénétra mon âme. Je dis insupportable, car cette tristesse n'était nullement tempérée par une parcelle de ce sentiment dont l'essence poétique fait presque une volupté, et dont l'âme est généralement saisie en face des images naturelles les plus sombres de la désolation et de la terreur. Je regardais le tableau placé devant moi, et, rien qu'à voir la maison et la perspective caractéristique de ce domaine, – les murs qui avaient froid, – les fenêtres semblables à des yeux distraits, – quelques bouquets de joncs vigoureux, – quelques troncs d'arbres blancs et dépéris, – j'éprouvais cet entier affaissement d'âme, qui, parmi les sensations terrestres, ne peut se mieux comparer qu'à l'arrière-rêverie du mangeur d'opium, – à son navrant retour à la vie journalière, – à l'horrible et lente retraite du voile. C'était une glace au cœur, un abattement, un malaise, – une irrémédiable tristesse de pensée qu'aucun aiguillon de l'imagination ne pouvait raviver ni pousser au grand.

Edgar Poe, *La chute de la maison Usher*, 1839

Étude 4

Du confinement à l'emprisonnement

La maison apparaît bénéfique car elle nous apporte un abri confortable, mais nous n'apprécierons cette protection qu'à condition de pouvoir régulièrement sortir et recevoir des amis ou des proches. En effet, rester cloisonné durablement dans la solitude génère de la souffrance et peut même contribuer à des formes de folie. Nous avons tous expérimenté le cloisonnement à travers les récents confinements dus au Covid 19 mais cette expérience a été vécue d'une manière très inégale selon les situations personnelles et la qualité des logements. Par ailleurs, certains subissent des enfermements beaucoup plus stricts : dans le cadre de condamnations judiciaires, ils se retrouvent cloisonnés chez eux avec un bracelet électronique, voire emprisonnés dans des maisons d'arrêts ou autres centres de détention.

1 Maison et solitude

- Tout d'abord, le monde apparaît si riche de personnes à rencontrer, d'aventures à vivre, de civilisations à découvrir, qu'il peut sembler regrettable de passer sa vie entre quatre murs. La maison est comparable au port d'attache pour le bateau et un navire n'a pas vocation à demeurer au port. L'empereur stoïcien Marc Aurèle écrivait déjà au IIe siècle de notre ère : « La vie est un combat et le voyage d'un étranger ». Selon lui, nous *sommes* donc appelés à faire face, à découvrir, à rencontrer en acceptant l'inconfort. De même, les existentialistes ont développé cette idée que notre identité se fonderait davantage sur ce que nous faisons que sur ce que nous sommes intérieurement. On pense ici à la célèbre phrase de Sartre dans *L'existentialisme est un humanisme* : « L'existence précède l'essence ». Pour ce philosophe, nous ne devenons pas nous-mêmes par une réflexion casanière mais en nous confrontant au monde, en opérant des choix, en agissant. Ainsi dans son roman *La Nausée*, Sartre présente l'existence absurde d'un homme qu'il appelle l'*Autodidacte*. Ce personnage envisage un grand projet d'écriture mais il préfère lire tous les livres de la bibliothèque, par ordre alphabétique, avant d'agir.

L'Autodidacte passe ainsi sa vie entre sa maison et sa bibliothèque mais finalement, il ne fait tragiquement rien. Enfin, dans les courants spirituels et religieux, la sagesse enseignée par les fondateurs tend à encourager une certaine ouverture sur l'extérieur. Bouddha quitte les richesses de son palais pour découvrir le monde, la souffrance, apprendre à méditer, enseigner ses découvertes. Jésus aussi semble pousser au mouvement : « vas, vends ce que tu possèdes, donne-le aux pauvres [...] et suis-moi » (*évangile selon Saint-Matthieu*).

- Retranchées dans leur maison, de nombreuses personnes endurent la solitude. Cette dernière est souvent subie : grande pauvreté, maladie invalidante, rupture sentimentale très douloureuse, personnes âgées isolées. Un Français sur huit souffre de solitude, la proportion s'élevant à un quart chez les retraités ! Jules Romain dans son roman *Mort de quelqu'un* nous dresse le portrait d'un homme, Jacques Godart, mécanicien à la SNCF, décédé dans l'anonymat et la solitude **(▶ Doc. 1)**. L'écrivain lui rend hommage en présentant la mosaïque de détails qui composait sa vie. Parfois, la solitude donne l'impression d'être choisie mais elle n'en est pas moins accompagnée de souffrances. Ainsi, certains optent pour un long isolement, voire un enfermement définitif afin de se protéger de la société. Citons par exemple le phénomène des « hikikomoris » (le mot signifiant « se cloitrer » en japonais). Les raisons poussant les *hikikomoris* à fuir le monde extérieur et la société sont très variées : traumatisme d'enfance, harcèlement au collège, pression sociale dans le cadre de la compétition scolaire et économique. Notons que la société du spectacle et l'individualisme accentuent l'obligation de réussite et la pression sociale. Certains hikikomoris ont par ailleurs souffert de l'absence d'un père, d'une mère surprotectrice, ou encore d'une incapacité à faire face à la moindre frustration du fait d'une absence de limites dans leur éducation. Internet, les jeux vidéo, la culture *hantai* offrent la possibilité de participer, malgré tout, à une vie culturelle et sociale, ainsi qu'une échappatoire donnant l'illusion de vivre des aventures. Cette situation peut apparaître plus confortable qu'une exposition au monde extérieur mais elle induit souvent de la tristesse, de la détresse et elle peut même, à long terme, devenir destructrice. Le problème s'aggrave par le tabou rendant difficile pour les parents de se confier, d'échanger afin de trouver une porte de sortie. Dans les cas extrêmes, l'hospitalisation est une piste de solution car elle constitue un compromis : le jeune s'écarte de sa maison et de sa famille mais en conservant temporairement une enveloppe protectrice.

- Le cloisonnement prolongé dans la solitude peut être source de troubles mentaux et de problèmes de santé. Plusieurs études ont ainsi montré que les personnes souffrant d'un isolement total (aucun rapport avec des proches ou des amis, absence de vie professionnelle) sont plus sujettes à des troubles de santé : augmentation des risques cardio-vasculaires, dérèglement des taux de cortisol, plus grande prévalence de la maladie d'Alzheimer. La qualité du sommeil se détériore, l'estime de soi baisse, les risques de suicide deviennent plus importants. Les comportements à risque se révèlent plus fréquents : les personnes isolées sont les premières victimes de la boisson, de la cigarette et des autres drogues. Les troubles psychiques sont plus importants également : dépression, anxiété et même chez certains, la solitude peut accentuer des formes de paranoïa. Dans le film *Le Locataire* (1976), Polanski nous présente un homme qui, vivant seul dans son appartement, en vient à connaître des hallucinations de plus en plus marquantes. L'œuvre a été vue comme particulièrement dérangeante, la fin se révélant même angoissante (**▶ Doc. 2**).

2 L'expérience du confinement

- Nous avons connu ces deux dernières années, du fait du Covid-19, des expériences inédites en matière de cloisonnement. Tout d'abord, chez certains, ces confinements ont été bien vécus. Les foyers et les couples où l'ambiance est bonne ont apprécié ces temps prolongés entre proches. Le confinement a ainsi favorisé les plaisirs partagés et simples comme les jeux de société. Le télétravail a réduit, voire supprimé le temps passé dans les transports, libérant pour beaucoup d'importantes tranches horaires dans les emplois du temps, permettant de s'adonner davantage à la création culinaire, au jardinage ou au bricolage. Certains ont avancé dans la bonne humeur sur des travaux qui traînaient depuis longtemps. D'aucuns ont eu l'impression de sortir de la course, du désir de briller et de réaliser ; ils ont pu se connecter enfin à l'essentiel. Certaines personnes seules ont apprécié la période également, cultivant leur spiritualité, travaillant sur elles-mêmes tout en maintenant des contacts sociaux, prenant goût notamment aux fameux « apéros Zoom ». Des casaniers ont même apprécié de ne plus avoir de prétexte à trouver pour éviter de sortir. D'ailleurs pour quelques-uns, il a été difficile, une fois la crise terminée, de quitter la maison et de revenir à la situation antérieure ; On a parlé ainsi d'un syndrome « de la Cabane » (**▶ Doc. 3**). Paradoxalement enfin, la période a été l'occasion d'une plus grande solidarité collective : soutien des personnes âgées, communication entre voisins d'un jardin à l'autre ou depuis les balcons, applaudissements collectifs pour le personnel hospitalier, communion nationale face à la catastrophe sanitaire.

- Cependant le confinement a aussi eu ses aspects négatifs. Tout d'abord, dans les foyers où l'ambiance est tendue, les crises et même les violences ont été exacerbées. Les individus connaissant l'isolement dès avant l'épidémie ont pu voir aggravé leur sentiment de solitude. Sur le plan du travail professionnel et scolaire, de nombreux désagréments ont été pointés. Cumuler le télétravail et l'encadrement de l'« école à la maison » a représenté un véritable défi pour les parents. Les inégalités scolaires ont été accentuées, non pas que les parents dans les classes populaires consacrent moins de temps à l'encadrement de leurs enfants, mais ils sont moins à même d'aider à décoder les consignes, de comprendre le sous-entendu dans certaines questions et d'encourager l'autonomie (**▶ Doc. 4**). Les conflits autour des devoirs ont été plus fréquents et violents dans les milieux populaires également. Le cadre spatio-temporel a été mieux structuré dans les familles favorisées. À surface d'habitation égale – ce qui, bien sûr, est loin d'être toujours le cas – les parents ont davantage balisé des espaces de travail dans les classes supérieures. En outre, ils ont plus souvent organisé un emploi du temps pour les enfants. Par ailleurs, chez les jeunes qui souffraient d'une grave timidité et n'aimaient déjà pas l'école avant la crise, le retour dans la classe après le confinement a été particulièrement angoissant et la phobie scolaire s'est parfois renforcée. Enfin, chez les non francophones, les confinements ont contraint à un entre-soi ne facilitant pas l'apprentissage de la langue du pays d'accueil.

- Le confinement a exacerbé les conséquences des inégalités en matière de logement. Logiquement, les personnes profitant d'une vaste surface habitable offrant une belle luminosité, les foyers possédant un jardin ou, à tout le moins, un balcon bien orienté ont mieux vécu cette période. La vue sur une forêt, le chant des oiseaux, les accès immédiats à des espaces naturels ont été particulièrement appréciés. La surexposition aux écrans s'est avérée nettement plus fréquente dans les appartements qu'au sein des maisons individuelles avec jardins (**▶ Doc. 5**). D'ailleurs le marché de l'immobilier s'en ressent aujourd'hui, avec un regain d'intérêt pour les maisons avec jardin et une diminution des différences de prix entre ville et campagne. Enfin les inégalités concernent également les connexions Internet : le télétravail et l'école à la maison ont été pénalisés, voire rendus impossibles dans les habitations encore reliées par des connexions à bas débit.

3 Quand la maison se fait prison

- L'espace clos d'une habitation peut servir à enfermer. Tout d'abord, il arrive que, dans une maison au demeurant confortable, l'enfermement ne soit pas « officiel » mais qu'il résulte de codes sociaux stricts et implacables ou d'une situation particulière : c'est le concept de *la prison dorée*. Ainsi, dans le roman de Flaubert, Madame Bovary évolue dans une belle maison bourgeoise mais les codes de son époque et son statut de femmes au foyer, épouse d'un notable, lui rendent difficile de sortir, de bouger et la conduisent à étouffer, ne pouvant se réfugier, outre une amourette décevante, que dans la rêverie. De même la série *The Crown* présente la situation de la princesse Diana dans les années 1980-1990, enfermée et bien seule dans les palais de la famille royale britannique. Irène Némirovsky dans son roman *le Bal* nous présente, elle, une jeune-fille, Antoinette, écrasée par l'éducation très stricte que lui impose sa mère (qui se trouve jalouse de sa jeunesse), corsetée dans un appartement de luxe où on lui interdit même l'accès au bal **(▶ Doc. 6)**.

- Avec les bracelets électroniques, la maison devient *réellement* une prison pour des milliers de personnes en France. La mesure concerne les peines inférieures à deux ans ou les fins de peines pour les personnes incarcérées plus longtemps. Elle peut être soumise à des conditions particulières, comme d'avoir entamé les remboursements correspondant aux amendes et dommages fixés par le tribunal. Les bénéfices de ce système sont nombreux, à commencer par un coût économique nettement moindre pour l'administration pénitentiaire. Le taux de récidive s'avère inférieur, sans doute car la personne sous surveillance électronique voit sa réinsertion facilitée : elle peut chercher du travail, est autorisée à sortir sur ses heures d'activité professionnelle, peut suivre plus aisément une thérapie psychologique. De plus, le condamné ne se trouve pas exposé à la mauvaise influence des nombreux délinquants et criminels qui se concentrent en prison. À noter que, contrairement à ce que beaucoup pensent, le bracelet ne contient pas de puces autorisant un repérage par satellite : il prévient simplement les autorités si la personne concernée quitte son domicile en dehors des heures autorisées. Il peut aussi permettre de s'assurer que le condamné ne s'approche pas de la commune ou du quartier de sa victime. Il s'agit tout de même d'une peine car les loisirs et les sorties en soirée sont évidemment proscrits. Souvent, les activités sportives peuvent elles être pratiquées mais à condition de ne pas présenter de risque pour l'équipement électronique – pas de natation par exemple **(▶ Doc. 7)**.

- Enfin, les centres pénitentiaires sont en quelque sorte les maisons contraintes des détenus. L'expression « maison d'arrêt » est même celle qui s'impose pour les peines préventives (dans l'attente du procès) et pour les courtes peines. Les établissements pénitentiaires en France sont saturés et fréquemment surpeuplés, même si la situation s'est améliorée du fait des mesures consécutives à l'épidémie de Covid-19. Les lits superposés et même les matelas au sol ne sont pas rares, notamment en peine préventive. Parfois, les toilettes ne sont « isolées » que par un mur à mi-hauteur (pour que le condamné puisse être surveillé depuis l'œilleton de la porte) et les douches collectives sont fréquentes. Les conditions d'intimité et d'hygiène se révèlent souvent très mauvaises. Malgré les condamnations récurrentes de la Cour européenne des droits de l'homme, l'État français montre peu d'empressement à améliorer cette situation, sans doute car les prisonniers votent peu : les privations de droits civiques sont plus rares qu'on ne le pense mais la procédure pour voter depuis la prison n'est pas simple, sans compter que les personnes condamnées ont souvent d'autres préoccupations que l'engagement citoyen. De plus, la cause des détenus n'est pas très porteuse électoralement. On rencontre en prison un concentré de problématiques psychologiques : addictions, violences, suicides. La question de la communication avec les proches est essentielle ; L'administration tend à faire installer des téléphones fixes dans les cellules (permettant d'appeler, pas de recevoir un appel) mais aussi, en retour, des brouilleurs pour contrer l'utilisation des téléphones portables. Les semaines s'écoulent notamment au rythme des parloirs, des « promenades », de la « cantine » : système de livraison (de cigarettes, magazines…) et parfois du « yoyo » : technique d'échanges d'une fenêtre à l'autre entre prisonniers (au moyen de ficelles), interdite mais souvent tolérée.

DOCUMENT 1

Jules Romain (de son vrai nom Louis Farigoule) est un écrivain français du xxe siècle. Il s'intéresse notamment aux rapports entre l'individu et la société dans laquelle il vit (concept que l'écrivain a théorisé sous le nom d'unanimisme). Ce roman raconte les derniers jours d'un homme très esseulé, Jacques Godard, puis il décrit avec pudeur, suite à son décès, les émotions et les souvenirs des personnes qui l'ont connu.

Il dînait dans sa chambre seul et morne, d'aliments qu'il avait préparés lui-même sur une petite lampe à alcool. Mais une sorte d'émanation de son être apparaissait au loin, au-dessus d'une famille en cercle, comme un feu follet, et luisait un instant pour s'évanouir.

Il avait encore ses anciens camarades du chemin de fer. On se souvenait de lui, parmi eux, comme d'un homme trapu, sanguin, ayant la plaisanterie facile, le geste cordial, mais un peu avare, et qui n'offrait guère de consommations. Sous cette figure, il hantait irrégulièrement le foyer des autres retraités, ou il surgissait tout à coup près d'un vieux mécanicien, sur la plate-forme d'une locomotive lancée à toute vapeur.

Godard existait avec un autre visage enfin, aux pentes d'une vallée, dans les monts de Velay. Il y avait là une petite maison couverte de lozes, où le corps même de Jacques Godard était né, où son père et sa mère, qui avaient plus de quatre-vingts ans, continuaient à vivre. Le souvenir de Jacques emplissait la grande cuisine, répandu entre le plancher et les solives comme l'odeur du bois brûlé, frôlant la table, se mirant aux menues flaques de vin et d'eau, venant se chauffer à l'âtre qui lui jetait des étincelles et de la suie, traversé par les vibrations tièdes du timbre quand l'horloge sonnait. En été, les vieux parents s'asseyaient côte à côte, au crépuscule, dans la cour ; le père sous un timon de char, la mère sur une chaise, avec son travail de passementerie ou son chapelet d'ébène. Alors ils faisaient revenir, doucement, leurs fils entre eux, entre le timon du char et la chaise disjointe. Ils l'amenaient respirer l'air des montagnes, sentir le vent du soir qui donne confiance aux feuilles. Jacques était là, invisible et très aimé. Il était là, plus jeune, plus près de sa naissance ; il avait des cheveux bruns, une figure pleine, une moustache point nonchalante. Il existait en patois. On se rappelait ses plaisanteries, ses tours de gamin : on avait envie de l'embrasser. Il existait bien mieux encore quand arriver une lettre. Sa présence redevenait presque matérielle.

Jules Romains, *Mort de quelqu'un*, Gallimard, 1987

DOCUMENT 2

Roman Polanski est un réalisateur français né en 1933. Dans Le Locataire, *sorti en 1976, un homme solitaire et angoissé, Trelkovsky, emménage dans un appartement dont la précédente locataire s'est jetée par la fenêtre. Souffrant de terribles crises d'angoisse, il en vient à se persuader que ses voisins cherchent à le pousser au suicide et il connaît des hallucinations de plus en plus terrifiantes.*

Le Locataire, affiche du film de Roman Polanski

DOCUMENT 3

Camille Bordenet est journaliste pour Le Monde. *Elle présente ici une conséquence positive assez inattendue du confinement lors de la crise du Covid 19 : certains qui ne s'autorisaient pas à écouter leur désir d'un retrait social ont pu prendre le temps de se retrouver sans avoir à se justifier.*

Ils ne disaient jamais non. La sobriété sociale imposée par les confinements leur a offert de repenser leurs habitudes de fréquentations. Malgré la levée des restrictions, eux ne sont pas pressés de courir les sorties, privilégiant désormais amitiés et activités mieux choisies. Témoignages.

« Je préfère ne pas prendre le risque » : voilà de loin la phrase que Maryline Eliot, experte-comptable lilloise, aura le plus prononcée en 2020 pour échapper aux obligations sociales, aujourd'hui troquée pour : « on se fera ça quand j'aurais eu ma deuxième dose ». « Si vous avez un manuel d'excuses à l'usage des gens comme moi, je prends ! », s'exclame la quadragénaire.

Le prétexte pratique du Covid-19 arrangeait aussi Olivier*, manageur parisien de 36 ans, qui a recours désormais à celui de son nouveau-né pour échapper à la reprise de « l'alcoolisme mondain et des cuites en semaine : un litre de bière tous les deux jours, un paquet de clopes en deux heures ».

Mais le stock de ruses s'épuise à mesure que la situation sanitaire et le déconfinement progressent. À l'heure où l'injonction à sortir « profiter » est d'autant plus pressante qu'il faudrait « rattraper » des mois de restrictions, difficile d'assumer rechigner au bal des sollicitations et au bonheur obligé des retrouvailles.

« C'est pourtant à regret que je sors de ma tanière », confie Mathieu*, communicant de 40 ans, depuis son pavillon de banlieue. Après un retour aux sources dans son village ardéchois, Camille Mounier, étudiante lyonnaise de 21 ans, ne fait pas non plus partie de ceux qui piaffent à l'idée de retrouver les bains de foule.

« J'avais toujours peur de rater un truc et besoin d'en être. »

Ces quatre-là étaient pourtant des animaux sociaux, de ceux qui ne disent jamais non et aimaient leur « tourbillon ». Comme eux, une trentaine de lecteurs du *Monde* nous ont témoigné ne pas souhaiter renouer avec leur vie sociale « d'avant ».

Habitants d'une rue animée de bars et de restaurants en plein cœur du Vieux-Lille, Maryline et son mari n'avaient « aucune excuse » pour ne pas en pousser la porte quatre soirs par semaine, quand ce n'étaient pas eux qui recevaient. Mathieu avait toujours un groupe de musique à retrouver, « un max de concerts, ciné, expos », peu de soirées chez lui. Fêtarde, Camille enchaînait les soirées étudiantes. Quant à Olivier et sa compagne, ils dépensaient 700 euros par mois en bars, restaurants et autres VTC. « J'étais FOMO [de l'anglais *fear of missing out*], réalise ce dernier, toujours peur de rater un truc et besoin d'en être ».

« C'était libérateur »

Au premier confinement, ces citadins ont d'abord été angoissés à l'idée d'une décroissance sociale imposée. Derrière, la crainte inavouée de se retrouver face à eux-mêmes.

Considérée comme à risque pour un problème pulmonaire, Maryline a d'abord décliné les invitations pour ce motif. « J'avais peur de vexer, déplaire, être marginalisée, explique cette mère de famille et amie "bien sous tous rapports". Mais le soulagement a vite pris le dessus : « c'était libérateur, je me suis enfin avoué que je m'obligeais à accepter des invitations alors que j'avais besoin de temps seule pour me recentrer ». Plus question depuis de renoncer à sa « sérénité retrouvée ».

En voyant son fil Instagram à nouveau « parasité » par le détail en temps réel des repas de ses amis, Mathieu a pris la mesure de la « respiration » que constituait cette trêve dans « le concours de popularité permanent ». En miroir : l'énergie que lui-même dépensait inconsciemment dans l'obtention de la validation d'autrui. Pour aussi extraverti qu'il soit, le quadragénaire ne veut plus participer au jeu de « la convivialité et de l'enthousiasme feints », ni « ressortir déçu de dîners et de rendez-vous culturels où on a parlé de tout mais surtout de rien, passé plus de temps à mettre en scène nos ego pour pouvoir dire qu'on y était, qu'à les vivre ».

Une introspection favorisée par le retrait à l'écart du monde, chez soi, cette « base arrière où, dans une période dure et désorientée, l'on peut se protéger, refaire ses forces, se laisser exister, se souvenir de ses désirs », selon les mots de la journaliste Mona Chollet, autrice de *Chez soi, une odyssée de l'espace domestique* (2015).

« C'est épuisant d'être la personne qu'on attend de vous selon des codes : distraire, animer la conversation, rendre les invitations », lâche Maryline, qui réalise, passé 42 ans, qu'elle a longtemps contrarié sa nature introvertie et angoissée. Même délivrance à faire « tomber le masque de la représentation » pour Olivier et Mathieu, « de ne plus se demander si on est bien habillé, ou quand doit-on rire à telle blague ».

Diète des autres

« Alors que nous sommes formatés à accumuler du capital social, valorisé, les confinements sont venus mettre en tension et reconfigurer cette injonction avec nos aspirations au retrait, analyse Sylvain Bordiec, sociologue à l'université de Bordeaux et spécialiste des solitudes. Si certains ont subi leur isolement, d'autres ont goûté une manière différente d'être au monde, découvrant leurs compétences de solitude domestique. Avec des gains de temps, d'énergie mentale et physique, d'argent, mais aussi des évitements de violence symbolique : en échappant aux "verdicts" des autres et en évitant d'être comparé et de se comparer ». Quant aux personnes solitaires ou introverties, pouvant être gênées de compter « moins » d'amis que les autres, « la période a pu être un apaisement ».

Cette diète de fréquentations a aussi permis de se réapproprier son rythme, de puiser dans ses ressources. Mathieu n'oubliera pas le goût de sa première tomate, « satisfaction dépassant n'importe quelle terrasse dans les pots d'échappement ! »

Après le plaisir retrouvé à peindre, se cultiver, rêver, Camille vient de passer le cap de supprimer TikTok et Instagram. Plus envie de remettre un pied en boîte, ni de retourner vivre à Lyon : elle a demandé des masters en distanciel. La jeune écolo craint que cette « frénésie d'un retour à la vie d'avant », et un relâchement face à une évolution épidémique incertaine, n'entraînent « un pic de surconsommation pour rattraper à tout prix plutôt que vivre juste normalement ».

Olivier goûte la joie de bricoler, cuisiner, sans recourir aux applis pour urbains pressés, de programmer des week-ends au vert, plutôt qu'à Paris. L'occasion de prendre conscience de « la valeur des choses, du superflu », d'entamer un « switch écolo ». Et d'« apprendre à vivre avec [s]a compagne plutôt que se croiser » : « on mange ensemble, la révolution », plaisante-t-il. Ce rapprochement aura permis de concrétiser un projet d'enfant. « Sans ça, j'aurais sans doute replongé », dit-il, voyant dans cet « entre-soi parisien » une « sorte de drogue ».

« Libéré des injonctions sociales creuses, je peux enfin être moi-même. »

Pour tous, le retour à la vie sociale, outre celui au bureau, sera ainsi mieux choisi : resserré autour d'amitiés « authentiques » et d'activités nourrissantes.

Syndrome de la cabane

« Libéré des injonctions sociales creuses, je peux enfin être moi-même et il y a des masques que je ne veux plus porter », revendique Mathieu. Un décalage avec l'effervescence ambiante parfois dur à assumer. Réapparaît ainsi ce « syndrome de la cabane », observé au premier déconfinement : « Il peut se manifester par la peur du virus et de se reconfronter au monde, mais aussi ce stress de devoir à nouveau assumer des impératifs sociaux, explique la neurobiologiste Catherine Belzung. Or s'en défaire est dur, on craint le rejet et la détresse sociale qui pourrait en découler. »

« Ça a un coût », confirme Maryline, évoquant l'incompréhension de son mari qui voudrait sortir comme avant, des membres de sa famille fâchés et des amis perdus, qui prennent sa conversion casanière pour du rejet. Cinq d'entre eux ont maintenu la correspondance épistolaire qu'elle avait initiée. Des lettres lui ayant permis de redécouvrir des amis de quinze ans. Prochaine étape ? Oser dire, et rendre entendable : « Non désolée je ne suis pas disponible. J'ai besoin de ce temps pour moi ».

*Ils n'ont pas souhaité donner leur nom.

Camille Bordenet, *Le Monde*, 13 juin 2021

DOCUMENT 4

Soazig Le Nevé est journaliste pour Le Monde. *Elle analyse ici les effets de l'école à la maison sur les inégalités scolaires entre les différentes classes sociales.*

Comment les familles s'approprient-elles les supports d'apprentissage reçus de la part des enseignants par la voie d'un e-mail ou d'une plate-forme pédagogique ? Comment certaines familles font-elles autrement et avec quelles ressources ? Pour comprendre les effets de la crise sanitaire actuelle sur les inégalités scolaires, une enquête sociologique sur « l'école à la maison » est menée depuis le 2 avril auprès des parents d'élèves. À ce jour, près de 30 000 réponses sont parvenues à Romain Delès, et Filippo Pirone, enseignants-chercheurs en sociologie à l'université de Bordeaux, qui ont contacté l'ensemble des 64 000 établissements scolaires français.

À travers 120 items, le questionnaire établit d'abord le profil socio-économique du foyer, ses conditions de logement et d'accès au numérique. Suivent des informations sur l'expérience de l'école à la maison, les ressources pédagogiques dont les parents disposent et les pratiques concrètes d'accompagnement scolaire de leurs enfants. « Malgré le travail des enseignants, la distance matérielle fait obstacle à l'explicitation des attendus, des consignes, des savoirs engagés dans les exercices scolaires », constatent d'ailleurs d'emblée les sociologues.

Opérations implicites

Le temps consacré à la classe à la maison va « contre l'intuition », estime l'étude : les classes populaires passent 3 h 16 par jour en moyenne à l'accompagnement scolaire contre 3 h 13 pour les classes moyennes, 3 h 07 pour les classes supérieures et 2 h 58 pour les parents exerçant le métier d'enseignant. « Ce résultat contribue à remettre en cause certaines représentations spontanées sur la mobilisation des parents de classes populaires et rejoint les travaux de la sociologue Séverine Kakpo sur la pratique des devoirs à la maison, observent Romain Delès et Fillippo Pirone. Il n'y a donc pas d'abandon scolaire des familles populaires. »

En s'intéressant aux techniques pédagogiques utilisées par les parents, l'enquête établit que les familles populaires adoptent « des pratiques d'accompagnement plus directes, plus cadrantes, plus impositives, qui remplissent les attendus formels, visibles des consignes scolaires. Elles déclarent plus que les autres surveiller que l'enfant suive les consignes (88 % contre 84 % chez les classes supérieures), faire réciter la leçon (87 % contre 81 %), faire des exercices en rapport avec la leçon (90 % contre 86 %). « Ces activités favorisent l'acquittement de la tâche scolaire, la réalisation des commandes scolaires dans leurs aspects formels », commentent les auteurs de l'étude.

Mais ces façons de faire la classe à la maison « ne pénètrent pas dans la machine pédagogique », poursuivent Romain Delès et Filippo Pirone. « Comme le montrent les travaux sur le rapport au savoir, portés notamment par Patrick Rayou et Stéphane Bonnéry [professeurs en sciences de l'éducation à Paris-VIII], le savoir scolaire repose sur un certain nombre de non-dits, et en particulier sur des opérations intellectuelles implicites », nécessitant de décoder les consignes, d'en saisir les sous-entendus ou objectifs d'apprentissages sous-jacents.

Sur ces aspects-là, la hiérarchie s'inverse : « On a demandé aux parents s'ils donnaient des exercices en rapport indirect avec la leçon : 46 % des classes populaires déclarent le faire, contre 49 % des classes supérieures. De plus, 27 % des classes supérieures déclarent donner à leurs enfants des exercices complexes, nécessitant des acquis présents dans d'autres matières, contre 23 % des familles populaires », détaillent les sociologues. Dans un même ordre d'idées, les classes supérieures mobilisent plus volontiers des supports d'apprentissages alternatifs à ceux proposés par les enseignants (25 % contre 19 %).

Approche imparfaite

Se pose donc la question de l'appropriation effective des contenus scolaires, relèvent les chercheurs qui comptent prolonger leur enquête quantitative par des entretiens (téléphoniques ou de visu) et des observations ethnographiques dans un projet de recherche en réponse à l'appel à projets Covid-19 lancé par l'Agence nationale de la recherche.

Les dimensions matérielles des inégalités d'accompagnement de la scolarité des enfants sont prégnantes, même si cette enquête en ligne ne permet encore qu'une approche imparfaite de cette problématique. 11,4 % des familles populaires déclarent avoir une connexion qui pose problème, contre 7,9 % des familles de catégories sociales supérieures. En outre, 24,3 % des parents d'origine modeste jugent leur équipement informatique et leur accès Internet insuffisants pour répondre au travail de l'école à la maison, contre 17 % des familles plus aisées.

Cet écart est encore plus visible dans le sentiment de compétence informatique, soulignent Romain Delès et Filippo Pirone : « 45 % des classes supérieures se sentent tout à fait capables de répondre aux exigences techniques numériques de l'école à la maison, contre seulement 31 % des classes populaires. »

Soazig Le Nevé, *Le Monde*, 12 mai 2020

DOCUMENT 5

Marie Slavicek est journaliste pour Le Monde. *Elle analyse ici les conséquences de l'école à la maison sur les enfants.*

Une étude de l'Institut national d'études démographiques revient sur le vécu des enfants de 8-9 ans pendant le premier confinement, au printemps 2020. S'ils se sont globalement bien adaptés, le confinement a creusé les inégalités.

Comment les enfants ont-ils vécu le premier confinement, au printemps 2020, alors que les écoles avaient fermé ? Comment se sont-ils adaptés pour « passer le temps » à la maison pendant ces dix semaines ? Une enquête de l'Institut national d'études démographiques, publiée au début du mois de janvier, décrypte le quotidien d'enfants de 8-9 ans pendant cette période exceptionnelle. À noter que cette étude a été réalisée auprès des parents et qu'elle s'appuie donc davantage sur leur avis que sur celui des enfants.

Les enfants semblent s'être plutôt bien adaptés : assignés à résidence, ils ont joué, beaucoup ; fait leurs devoirs, souvent ; sont sortis se promener, un peu. Toutefois, pour les enfants issus de familles modestes, le confinement a aussi pu altérer leur sommeil et leur bien-être psychologique ou rendre plus complexe leur apprentissage scolaire.

« Pour les enfants comme pour les adultes, le confinement a accru des inégalités susceptibles de se creuser à moyen terme », écrivent les auteurs de l'étude. Trois d'entre eux, Xavier Thierry, Lidia Panico et Ariane Pailhé, détaillent leurs observations.

Quel bilan général peut-on tirer du premier confinement sur les enfants ?

Xavier Thierry : Ce premier confinement s'est bien passé pour une grande majorité d'enfants, environ quatre sur cinq. En revanche, sur les différents aspects observés – l'école à la maison, le temps passé devant les écrans, l'anxiété et les troubles du sommeil… –, on observe systématiquement des difficultés pour 15 % d'entre eux.

Les conditions d'habitat, notamment, ont été déterminantes. Par exemple, à situation familiale et statut socio-économique des parents équivalents, la surexposition aux écrans a été plus forte chez les enfants vivant dans un appartement par rapport à ceux qui habitent dans une maison avec un jardin. Les difficultés évoquées ne sont pas forcément liées au confinement : il s'agit de problèmes qui pouvaient préexister et qui ont été accentués. De ce point de vue, le confinement a accru des inégalités, c'est incontestable.

Comment le travail scolaire à la maison a-t-il été géré ?

Xavier Thierry : Dans l'ensemble, les parents affirment que le travail scolaire à la maison s'est plutôt bien passé. Malgré la fermeture des écoles, le contact entre les enseignants et les familles n'a pas été rompu : la quasi-totalité des parents déclarent ainsi que le professeur a transmis du travail et 95 % jugent que cela s'est fait sans trop de difficultés techniques.

Ces bonnes nouvelles doivent toutefois être nuancées : deux tiers des élèves ont travaillé moins de trois heures par jour. La « continuité pédagogique » a donc été relative. On remarque par ailleurs que c'est dans les milieux modestes, à dominante ouvrière ou employée, que les parents ont le plus aidé leurs enfants à travailler. On peut y voir un signe de volontarisme, ils ont eu à cœur que leurs enfants ne décrochent pas pendant le confinement. On peut y voir aussi le signe de leurs difficultés à mettre en œuvre l'école à la maison : les devoirs ont pris plus de temps, certains parents ayant eu du mal à comprendre les consignes des enseignants ou à convaincre l'enfant de se mettre au travail.

L'école à la maison a demandé beaucoup d'efforts aux parents, notamment pour ceux qui ont dû jongler entre le télétravail, les tâches domestiques et leur nouveau statut de prof. Mais, au bout du compte, les enfants n'en ont globalement pas souffert.

Le confinement a pu être une source d'angoisse très forte chez certains adultes. Qu'en est-il chez les enfants ?

Lidia Panico : Notre étude est une photographie prise à un moment précis. Elle ne nous permet pas de dire si le premier confinement a entraîné à lui seul une détérioration du bien-être des enfants. En revanche, on peut affirmer qu'une petite proportion d'entre eux – 13 % – a connu pendant cette période des difficultés socio-émotionnelles : isolement, anxiété, difficulté à se concentrer... Ces problèmes sont très liés au type de ménage et de logement, et certains enfants semblent plus susceptibles de les rencontrer. C'est le cas notamment pour ceux qui vivent dans des ménages à bas revenus ou des familles monoparentales. Ce sont des mécanismes classiques qu'on observe aussi en temps normal.

Marie Slavicek, *Le Monde*, 27 janvier 2021

DOCUMENT 6

Irène Nemirovsky est une romancière russe de la première moitié du XXe *siècle. Inspirée par ses propres relations très difficiles avec sa mère, elle aborde notamment, dans ses ouvrages, les conflits mère-fille. Dans ce roman, Antoinette et ses parents très fortunés habitent un magnifique appartement à Paris. La jeune fille est cependant brimée et privée de liberté par une mère injuste. Lorsqu'un bal est annoncé chez elle, Antoinette se réjouit : enfin un événement heureux, une opportunité d'ouverture sociale et de rencontre sentimentale. Cependant, sa déception est immense car elle n'est pas autorisée à participer. Elle fomente alors une vengeance à la hauteur de sa frustration.*

Mme Kampf entra dans la salle d'études en fermant si brusquement la porte derrière elle que le lustre de cristal sonna, de toutes ses pendeloques agitées par le courant d'air, avec un bruit pur et léger de grelot. Mais Antoinette n'avait pas cessé de lire, courbée si bas sur son pupitre, qu'elle touchait la page des cheveux. Sa mère la considéra un moment sans parler ; puis elle vint se planter devant elle, les mains croisées sur sa poitrine.

- Tu pourrais, lui cria-t-elle, te déranger quand tu vois ta mère, mon enfant. Non ? Tu as le derrière collé sur ta chaise ? Comme c'est distingué... Où est miss Betty ?

Dans la pièce voisine, le bruit d'une machine à coudre rythmait une chanson, un What shall I do, what shall I do when you'll be gone away... roucoulé d'une voix malhabile et fraîche.

- Miss, appela Mme Kampf, venez ici.

- Yes, Mrs Kampf.

La petite Anglaise, les joues rouges, les yeux effarés et doux, un chignon couleur de miel roulé autour de sa petite tête ronde, se glissa par la porte entrebâillée.

- Je vous ai engagée, commença sévèrement Mme Kampf, pour surveiller et instruire ma fille, n'est-ce pas ? et non pour vous coudre des robes... est-ce qu'Antoinette ne sait pas qu'on se lève quand maman entre ?

- Oh ! Ann-toinette, how can you ? dit Miss avec une sorte de gazouillement attristé.

Antoinette se tenait debout à présent et se balançait gauchement sur une jambe. C'était une longue et plate fillette de quatorze ans, avec la figure pâle de cet âge, si réduite de chair qu'elle apparait, aux yeux des grandes personnes, comme une tache ronde et claire, sans traits, des paupières baissées, cernées, une petite boucle close... Quatorze ans, les seins qui poussent sous la robe étroite d'écolière, et qui blessent et gênent le corps faible, enfantin... les grands pieds et ces longues flûtes avec des mains rouges au bout, des doigts tachés d'encre, et qui deviendront un jour les plus beaux bras du monde, qui sait ?... une nuque fragile, des cheveux courts, sans couleur, secs et légers...

- Tu comprends, Antoinette, que c'est à désespérer de tes manières à la fin, ma pauvre fille... Assieds-toi. Je vais entrer encore une fois, et tu me feras le plaisir de te lever immédiatement, tu entends ?

Irène Nemirovsky, *Le bal*, Grasset, 2002

DOCUMENT 7

Jean-Baptiste Jacquin est journaliste pour Le Monde. *Il présente ici le système des bracelets électroniques, alternative à la prison permettant de purger sa peine à domicile.*

Parking de Courcouronnes (Essonne), mardi 19 juin, 8 heures 20. Wassim (le prénom a été modifié) est comme un gamin malgré ses 21 ans. Il sautille et rigole autour de la voiture dans laquelle sont restées sa sœur et sa mère malgré le franc soleil qui a déjà dissipé la fraîcheur de la nuit. Il semble impatient qu'ouvre le service pénitentiaire d'insertion et de probation (SPIP) de l'Essonne. Et pour cause : il a rendez-vous à 9 heures pour se faire poser un bracelet électronique. Une mesure particulièrement coercitive, mais dans laquelle il hume un vent de liberté.

Wassim sort de quarante et un mois de prison. Il y a moins de deux heures, il était encore derrière les portes de la maison d'arrêt de Fleury-Mérogis, à sept kilomètres de là. Alors qu'il n'était libérable qu'en avril 2019, le juge d'application des peines lui a accordé une libération conditionnelle au 19 octobre 2018, sous réserve qu'il respecte un placement sous surveillance électronique (PSE) probatoire de quatre mois. Une sorte de sas vers la liberté pour éviter une sortie sèche de détention.

« Si vous ne respectez pas la mesure, le juge peut décider d'y mettre fin et c'est retour à Fleury-Mérogis », le prévient le surveillant pénitentiaire chargé de poser le bracelet. Dans une pièce exiguë où s'empilent les cartons livrés par Thales, le surveillant passe un mètre de couturier autour de la cheville du jeune homme avant de choisir la bonne sangle. Une minute plus tard, le bracelet électronique gris clair est scellé. Il disparaît sous le jogging noir à bandes rouges. « Attention, le bracelet n'est pas forcément compatible avec une activité sportive, si vous le rompez, c'est 105 euros à votre charge. »

Toujours sous écrou, mais passé du milieu fermé au milieu ouvert, un charabia auquel il n'entend rien, le jeune homme se fait réexpliquer trois fois ce qu'est la libération conditionnelle promise comme une carotte : une vraie libération anticipée, dès lors qu'il n'aura pas débordé les horaires de sortie de son domicile autorisées par le juge (6 h 30 20 heures en semaine, 10 heures 17 heures le week-end), qu'il aura honoré son obligation de travailler, ou démontré ses démarches de recherche d'emploi, et de commencer à rembourser le Trésor public de ses amendes et les parties civiles des dommages fixés par le tribunal.

À la conseillère pénitentiaire d'insertion et de probation (CPIP, les professionnels prononcent « cépipe ») de permanence qui le reçoit désormais, il brandit une promesse d'embauche que sa mère lui a trouvée dans un fast-food de l'autre côté d'Orly. « J'irai demain pour voir comment cela se passe », promet-il. Mais l'heure n'est pas à la vérification de cette offre.

« Pour une première incarcération, vous n'avez pas blagué ! » La jeune femme cherche à savoir s'il a compris et accepté sa peine de prison et de quelle façon il se projette sur un avenir. « J'ai vu des gens de 30 ou 40 ans en prison, ça m'a choqué ! Ils ont raté leur vie, je veux réussir la mienne », lance-t-il en bon élève qui veut prouver qu'il a compris la leçon. En tout cas, il ne minore pas sa responsabilité ni la gravité des faits : une série de braquages à main armée de pharmacies et de tabacs, des coups de feu qui ont été tirés, sans faire de blessé. « C'était de l'inconscience », dit-il.

Paperasse fastidieuse

« Le PSE est une vraie coquille vide. Cela n'empêche personne de boire ou de faire du trafic de stup. L'important c'est tout le travail qui est fait à côté », explique Stéphanie Pellegrini, directrice de l'antenne « milieu ouvert » du SPIP de l'Essonne. Mais concrètement, c'est d'abord une balise à la cheville, pas si simple à supporter. « En prison, c'est facile de se victimiser et de se retourner contre l'institution et ses représentants... Là, il n'y a ni barreau ni surveillant, si vous ne respectez pas les horaires, vous êtes le seul responsable ! », résume-t-elle.

Le pôle centralisateur où arrivent les alarmes des balises installées au domicile des quelque 2 300 personnes placées sous bracelet électronique en Île-de-France est installé dans un banal pavillon de banlieue, à 100 mètres de la prison de Fresnes (Val-de-Marne). La salle à manger, transformée en bureau où deux surveillants pénitentiaires sont rivés à des écrans d'ordinateur, est occupée 24 heures sur 24. La loi étant la loi, dès la première seconde de retard d'un PSE l'incident est signalé par fax au SPIP dont il dépend. Une paperasse fastidieuse alors que le service compte jusqu'à 200 alarmes par heure entre 18 heures et 20 heures, et plus encore en cas de grève dans les transports.

Contrairement à une idée répandue, les bracelets ne sont pas géolocalisables. C'est le pôle de Fresnes qui doit appeler la personne sur son téléphone portable, lui demander où elle est et la raison du retard. Faute de fournir un justificatif (mission d'intérim, heure supplémentaire demandée par l'employeur, rendez-vous médical, etc.) dans les soixante-douze heures, le juge est prévenu.

Si une personne n'est pas joignable plus d'une heure, le procureur doit être alerté. En théorie... « Il faut de la rigueur et de la souplesse, justifie Laurent Ridel, le directeur de la région Île-de-France des services pénitentiaires. Dans un parcours d'insertion, il faut accepter des sorties de route. » Toutefois, pour une poignée d'individus, impliqués dans des dossiers terroristes ou de grand banditisme, le parquet est alerté à la moindre incartade. Le SPIP de l'Esssone a conclu le 22 juin un nouveau protocole avec les juges d'application des peines et le parquet d'Évry pour ne plus les alerter pour des alarmes de moins de deux heures, même si elles restent au dossier. « Je préfère que mes conseillers se concentrent sur le fond », dit Mme Pellegrini. Son service, qui gère simultanément 180 PSE, déplore une à deux ruptures de bracelet par mois.

« Vieux client »

Comme ce colosse de 24 ans qui exhibe une tête de mort sur son sweat-shirt. Lors de l'entretien avec sa conseillère d'insertion de probation auquel nous assistons en septembre, il revient sur cette soirée du 1er juillet. À 22 heures, après une violente dispute avec son père, il n'a pas su gérer le huis clos imposé et a rompu son bracelet pour prendre l'air. Le lendemain, il se présentait à Courcouronnes pour qu'on lui en fixe un nouveau... Le prix à payer est bien supérieur aux 105 euros fixés. Le juge d'application des peines lui a retiré quinze jours des crédits de réduction de peine qu'il avait acquis et lui a refusé sa demande de réduction de peine supplémentaire. De quoi encourager la maîtrise de soi, surtout quand on fait plus de 1,90 mètre et de 100 kg.

Le premier PSE que Julien Peymirat reçoit aujourd'hui est un vieux client. Il le suit depuis 2014, quand il avait été condamné pour des agressions sexuelles à un long suivi sociojudiciaire de cinq ans. « Ses débuts ont été très chaotiques, il ne venait pas aux rendez-vous au SPIP et ne respectait rien de l'injonction de soins », se souvient ce CPIP qui, après six ans de travail administratif, a fait en 2012 l'École nationale d'administration pénitentiaire pour faire un travail concret et utile. La plupart des 76 personnes dont il a la charge sont des sursis avec mises à l'épreuve. Il n'a que quatre bracelets, mais reste leur référent lorsqu'ils basculent d'une mesure à l'autre.

Dans sa veste et son pantalon trop larges, aussi noirs que sa barbe et sa moustache, Cédric, 29 ans, fournit les attestations de son triple suivi hebdomadaire avec une psychologue, une psychiatre et une psychomotricienne. Ses sorties, limitées à 9 heures 15 heures, ont été étendues jusqu'à 18 heures les mercredis par le juge pour lui permettre ces rendez-vous dans un centre spécialisé à Paris. Son passage par la case prison a changé la donne. La sanction de la violation de son suivi sociojudiciaire était de deux ans. Il aura finalement été incarcéré huit mois et le bracelet qu'il porte depuis juin est une modalité d'exécution du reste de sa peine.

« Ma détention ne m'a rien apporté, c'était plus une souffrance qu'autre chose », dit-il. « Il a compris l'enjeu du suivi sociojudiciaire et la sanction en cas de non-respect. Le PSE est arrivé au bon moment », reconnaît M. Peymirat qui s'était pourtant montré dubitatif sur la décision du juge. Dans les obligations que le tribunal avait fixées, il y a aussi celle de travailler. « C'est cette absence de travail qui lui permet de s'investir à fond dans le suivi médical », estime le CPIP qui ne lui met pas la pression sur cette recherche. La contrainte du bracelet conjuguée à l'épée de Damoclès des quelques mois d'incarcération gardés en réserve sur sa peine semblent pour l'heure aider au pilotage à vue d'un homme manifestement fragile. « Je ne peux plus aller à la piscine », se lamente-t-il.

« Obligé de rentrer à 17 heures ! »

Mais vivre sous bracelet électronique ne marche pas toujours. Comme pour cette femme condamnée pour des faits de violence sous l'emprise de l'alcool. « C'est un profil très fragilisé et le bracelet l'a beaucoup angoissée. Elle a bu deux fois plus ! », constate sa CPIP. Son ex-compagnon, qui avait accepté de l'héberger avec son bracelet, car il faut l'accord du « maître des lieux », dit le Code pénal, s'est rétracté. Résultat, elle est retournée en prison début septembre.

Jeudi 20 septembre, Wassim a son rendez-vous mensuel avec son CPIP. Il travaille depuis juillet à plein temps comme frigoriste en CDI et a fourni ses bulletins de salaire. Il n'a eu aucun incident signalé par Fresnes, a passé son permis de conduire et a fait deux versements au Trésor public de 134 et 240 euros. Cela n'a pas été si facile. « J'ai été forcé de prendre un chemin que je n'aurais peut-être pas pris, comme le fait de travailler tout de suite. Après être resté si longtemps en prison, j'aurais voulu me reposer. Au début, je dormais debout au travail. Mon corps n'était plus habitué, car en prison je ne sortais de ma cellule que deux heures par jour. » Quant au respect des horaires du bracelet, le week-end est difficile à supporter. « Je suis obligé de rentrer à 17 heures, vous vous rendez compte ? C'était l'heure à laquelle je me levais avant ! » Pendant la Coupe du monde, alors que les rues fêtaient les victoires des Bleus, il était prisonnier chez lui. « C'était trop dur, j'ai éteint mon téléphone pour ne plus voir les vidéos que mes copains m'envoyaient. »

En quatre mois, il aura eu une seule permission de sortir accordée par le juge pour aller assister à la cérémonie de remise de diplôme de sa sœur, devenue gendarme. « Son cas est encourageant », estime son conseiller alors que se profile le rendez-vous chez le juge le 19 octobre pour statuer sur la libération conditionnelle.

Mais il n'en aura pas fini avec la justice ! Suivront deux ans de sursis avec mise à l'épreuve, avec des obligations de soin, de travail, de remboursement des victimes, etc. Sans compter 70 heures de travail d'intérêt général : une condamnation de 2014 lorsqu'il était mineur. Difficile à concilier avec son emploi, cela devrait être converti en jours-amendes. « Et si vous ne payez pas, c'est l'incarcération sèche. » Wassim laisse échapper sa colère : « Toujours on parle de prison, alors que je travaille, je fais tout ce qu'on me dit. C'est derrière moi, tout ça ! » Ses rendez-vous mensuels à Courcouronnes lui rappelleront le contraire.

Jean-Baptiste Jacquin, *Le Monde,* 15 octobre 2018

Étude 5

La maison : un berceau pour la création

Les artistes entretiennent souvent un rapport particulièrement intime avec leur maison. Elle est la chrysalide dans laquelle leur œuvre prend forme. On songe, par exemple à la demeure du peintre impressionniste Monet dans l'écrin de son merveilleux jardin, à Giverny, ou à celle du sculpteur Rodin à Meudon. Les peintres et les sculpteurs ont souvent leur atelier dans leur maison, les écrivains y placent leur bureau et le confort de cette habitation, sa luminosité, les paysages qui l'entourent, la qualité de vie qu'elle offre à son propriétaire, tout cela influe sur la créativité. Dans son essai *Chez soi* Mona Cholet a cette délicieuse remarque, non dépourvue d'ironie, quant à ceux qui culpabilisent les artistes de se montrer trop casanier : « Ayons une pensée pour celui ou celle qui sera le George R. R. Martin [l'auteur de l'œuvre romanesque *Game of Thrones*, qui a inspiré la série] des années 2050 et qui doit pour le moment subir les remontrances de son entourage parce qu'il ou elle ne sort pas assez ». Au-delà d'une protection, les maisons offrent aux artistes une importante source d'inspiration jusqu'à devenir un élément essentiel dans de nombreux tableaux, romans et films. Enfin en se limitant, dans son œuvre, à l'espace d'une maison, un écrivain ou un cinéaste peut donner naissance à un passionnant huis clos où les personnages se révéleront en allant jusqu'au bout de leurs désirs, de leurs peurs, de leurs colères ou de leurs délires.

1 Le cocon des artistes

- On dit parfois des musées qu'ils sont les « temples de l'art » mais en un sens, ce sont bien les maisons qui mériteraient cette appellation. En effet, où lit-on le plus ? Où écoute-t-on le plus souvent de la musique ? Et même aujourd'hui, où peut-on, grâce à Internet, découvrir des œuvres picturales, des photographies d'art, des sculptures du monde entier ? C'est dans le cocon de nos maisons. Or, les artistes, avant de créer, doivent s'imprégner de ce qui a été fait avant eux. Cela passe par de longs moments de découverte et de contemplation, reclus dans leurs chaumières. Grâce aux livres, nous pouvons faire naître tout un univers dans notre imaginaire. Ainsi, l'écrivain Alberto Manguel décrit le lecteur comme un « Robinson en chambre ». Dans une préface qu'il a rédigée pour un ouvrage de John Ruskin, Marcel Proust décrit délicieusement ses journées d'enfance consacrées à la lecture, évoquant de tranquilles compagnons : le feu et la pendule « dont les doux propos vides de sens ne viennent pas, comme les paroles des hommes, en substituer un différent à celui des mots que vous lisez » **(▶ Doc. 1)**. On sait par ailleurs que Jules Verne qui a écrit des aventures incroyables se déroulant sur toute la surface du globe (*Cinq semaines en ballon, Le Tour du Monde en 80 jours...*) et même en dessous de celle-ci (*Voyage au centre de la Terre*) ou très au-delà (*De la Terre à la Lune*) a surtout découvert dans les livres les détails dont il a ponctué ses aventures. Ce n'est pas un hasard si le capitaine Nemo dans *20 000 lieux sous les mers* dispose, au sein de son formidable sous-marin, le Nautilus, d'une magnifique bibliothèque. D'ailleurs, dans le salon adjacent à cette bibliothèque se trouvent deux immenses fenêtres en cristal, ouvertes sur l'océan. On est en droit de se demander s'il ne s'agit pas d'une redondance : la bibliothèque est pour le lecteur la véritable ouverture sur l'océan et sur le monde.

- Un écrivain s'inspire de ses lectures et de son vécu mais sa création va au-delà de ces influences. Par le travail et l'imaginaire, il peut réordonner, inventer, créer... tout en demeurant casanier. Une certaine claustration volontaire se révèle même une condition favorable pour protéger l'imaginaire de l'auteur et l'autoriser à se déployer. Ainsi, Marcel Proust a rédigé *À la recherche du temps perdu*, une somme romanesque magnifique et immense publiée en 7 tomes, enfermé pendant plus de quinze années dans une petite chambre capitonnée de liège, volets clos, au sein d'un modeste appartement du boulevard Haussmann à Paris. Dans cette œuvre qui a été comparée à une cathédrale, le narrateur raconte sa jeunesse, décrit sa fascination pour l'aristocratie et il retrouve, par petites touches, ses impressions d'enfance les plus subtiles, développant par ailleurs de nombreuses réflexions psychologiques et philosophiques très fines. Durant toutes ces années et malgré ses terribles crises d'asthme, allongé sur son lit, Marcel Proust a noirci ses cahiers, raturant, rectifiant avec un perfectionnisme inégalé, insérant des passages en collant des bouts de papiers dans les marges (les fameuses *paperolles* – certaines faisant plusieurs mètres de long). C'est ainsi qu'un univers entier a pu naître au sein d'un très petit espace.

- La maison représente un lieu essentiel pour l'écrivain et cet espace lui ressemble. Ainsi en Dordogne, la tour du haut de laquelle Montaigne a rédigé *Les Essais* évoque la prise de hauteur du philosophe face à la vision du monde autocentrée dans l'Occident chrétien du XVIe siècle ; La décoration très chargée, la profusion de richesses dans la maison de Victor Hugo à Guernesey correspond bien au style romantique, parfois emphatique, de l'écrivain **(▶ Doc. 2 et 3)** ; Le presbytère de Choisel où a vécu Michel Tournier nous exprime son sens du sacré. Mentionnons encore la maison d'Émile Zola à Médan et ses jolis vitraux ; comme ces derniers ne nous présentent pas le paysage tel quel mais ils subliment la lumière, l'écrivain ne décrit pas la réalité brute, il la transcende par son imaginaire. Pensons enfin à Balzac que son ambition, son amour de la vie, des beaux-arts et des femmes avait conduit au surendettement ; sa maison à Passy possédait des portes donnant sur deux rues différentes, ce qui permettait à l'écrivain d'échapper, au besoin, à ses créanciers ! Évelyne Bloch-Dano s'est penchée sur ces demeures des grands auteurs dans son remarquable ouvrage *Mes maisons d'écrivains* (**▶ Doc. 4**).

2 La maison : une source d'inspiration

- La maison ne se contente pas d'abriter la création artistique, elle peut aussi l'inspirer. Ainsi Van Gogh a-t-il peint des maisons qui ont compté pour lui, par exemple *La Maison jaune*, une bâtisse d'Arles dans laquelle l'artiste impressionniste a loué un appartement. Paul Cézanne a lui représenté, entre autres, une troublante *Maison aux murs fissurés*. Plus proche de nous, l'artiste coréen Do-Ho Suh a reproduit son appartement à l'aide de voiles de nylon translucide, donnant de son logement une vision qui colle à la réalité en même temps qu'une impression légère, aérée. Les lignes simples qui en résultent peuvent évoquer le souvenir épuré et diffus d'un logement que l'on a quitté depuis des années (**▶ Doc. 5**).

- Dans la littérature, le cinéma et la télévision, la maison peut s'imposer comme un personnage à part entière. Dans des genres très différents, on songe au château de Moulinsart (inspiré à Hergé par le château de Cheverny) où habitent Tintin, le capitaine Haddock et Tournesol après *Le Trésor de Rackham le Rouge*, à la série télévisée *La Petite Maison dans la Prairie*, ou encore à la maison hantée du film *Amityville, la Maison du Diable*. Mentionnons aussi le roman de Philippe Besson, *La maison atlantique*. Dans une villa au bord de l'océan, le narrateur a connu une enfance difficile du fait de son père, un avocat riche et tyrannique qui a contribué à pousser sa femme – la mère du narrateur – au suicide. Cette maison lourde de souvenirs devient le théâtre d'un nouvel acte centré sur la vengeance du fils et elle s'impose indéniablement comme un personnage central du roman (**▶ Doc. 6**).

- Les habitations peuvent également figurer des métaphores illustrant une étape du récit, les pensées d'un personnage ou les réflexions de l'auteur. Ainsi dans le roman d'Émile Zola *Pot Bouille*, l'immeuble où vit Octave Mouret représente bien les différentes classes sociales, donnant du relief à l'ambition du personnage principal qui habite au quatrième étage et se sent frustré qu'au-delà du troisième, l'escalier ne soit plus couvert d'un tapis rouge… Par ailleurs, le début du conte *Candide* de Voltaire se déroule dans le magnifique château de Thunder-ten-tronckh. C'est là que Pangloss présente la Providence comme planifiant au mieux tout ce qui nous arrive, dans un monde qui serait parfait. Après un long voyage initiatique, on comprend la thèse de Voltaire qui est à l'opposé de celle son personnage : la chaîne des événements qui ne dépendent pas de nous (maladies, accidents, catastrophes naturelles…) est absurde : parfois, par exemple, des bonnes personnes endurent mille maux alors que des canailles peuvent avoir beaucoup de chance. Cette philosophie est présentée à la fin du conte, dans le cadre d'une petite métairie, contrastant avec le château grandiose du début, comme pour signifier une baisse des ambitions philosophiques. On est amené à devenir plus pragmatique, plus mesuré, plus « terre à terre ». La célèbre morale finale : « cultivons notre jardin » nous invite à faire ce que nous pouvons, à notre hauteur, pour améliorer ce qui est en notre pouvoir sans avoir la prétention de comprendre la marche de l'univers.

- Parfois, l'imagination donne naissance à des architectures féériques. On songe aux petites maisons rondes et semi enterrées des Hobbits chez Tolkien, dans son roman *Le Seigneur des Anneaux*, très bien reconstituées dans les films de Peter Jackson. Mentionnons aussi le poétique *Château ambulant* dans le dessin animé de Miyazaki (**▶ Doc. 7**). On peut encore penser à ce chef-d'œuvre du cinéaste Jacques Tati, *Mon oncle* (1958), où les habitations contribuent plus qu'à l'ambiance du film, elles s'incarnent autant que les acteurs : l'immeuble chaleureux de M. Hulot avec ses formes absurdes (les étages très irréguliers ont jusqu'à quatre niveaux différents !) ou la villa froide à la modernité improbable de son frère. Avec l'informatique enfin, des maisons totalement dématérialisées sont modelables à souhait ; nous pouvons évoquer, par exemple, les jeux *Les Sims*, *Second Life* ou encore *Minecraft*.

3 L'intensité des huis clos

- La maison se révèle un lieu privilégié pour un genre artistique très fécond : le huis clos. Il s'agit de s'en tenir, dans toute l'histoire racontée, ou au moins durant une scène assez longue, à un seul lieu, fermé. L'un des avantages du huis clos c'est qu'il impose un strict respect de la fameuse règle du théâtre classique des trois unités : unités de lieu, de temps et d'action. Cette règle aide à concentrer l'attention du lecteur ou du spectateur. Elle évite de casser le rythme car les changements de décors supposent un déplacement des personnages qui, même s'il n'est pas raconté ou montré à l'écran, oblige à une coupure dans l'intrigue. La règle des trois unités rend aussi l'action plus vraisemblable. Enfin, elle donne à l'œuvre une unité structurelle, contribuant à une esthétique épurée. On pourrait penser que s'en tenir ainsi à un seul lieu puisse pénaliser la créativité et limiter l'action mais c'est bien souvent l'inverse. En effet, les artistes ont besoin de contraintes pour créer, c'est même en se frottant à elles qu'ils se révèlent les plus féconds. C'est ainsi que les huis clos ont rencontré beaucoup de succès et d'ailleurs, au cinéma notamment, ils transcendent les genres : du comique à l'horreur en passant par le drame ou le thriller.

- Le huis clos augmente l'intensité de l'intrigue et il exacerbe les sentiments des héros. Enfermés, les protagonistes se retrouvent sans échappatoire, seuls face à leur rival, voire seuls face à eux-mêmes. L'intrigue peut alors se dérouler sans entrave « artificielle ». Ainsi, dans *Ils étaient dix* d'Agatha Christie, les personnages bloqués dans une grande demeure sur une île savent que le meurtrier qui les exécute l'un après l'autre est l'un d'eux, qu'il vit dans les mêmes murs ; ils dorment à quelques mètres du criminel... La maison qui est censée offrir un abri devient alors, au contraire, un piège : elle *contient* le danger. Par ailleurs, dans sa pièce de théâtre intitulée justement *Huis Clos*, Jean-Paul Sartre met en scène trois personnages qui se retrouvent, après leur mort, dans un salon représentant l'au-delà, attendant un hypothétique jugement. On s'aperçoit au long de l'intrigue que le seul jugement réellement encouru c'est celui du regard de l'autre, d'où cette fameuse conclusion : « L'Enfer c'est les autres ». L'efficacité de la démonstration sartrienne tient donc ici à cette idée d'enfermer ses personnages dans un petit salon, les soumettant ainsi, sans dérobade possible, à l'intensité du regard de l'autre.

- Cette tension du huis clos peut facilement dégénérer en violence. C'est là même un principe physique : si la vapeur cherche à s'échapper puissamment et qu'elle ne trouve aucune issue, l'explosion menace. Ainsi dans son film *Carnage*, Polanski imagine qu'après une bagarre entre deux enfants, les parents se rencontrent dans l'appartement d'un des couples pour échanger sur la suite éducative à donner afin d'aider leurs enfants à murir (▶ **Doc. 8**). Or, progressivement, la tension monte entre les deux couples et les bonnes manières bourgeoises disparaissent. La démonstration du réalisateur s'avère implacable : la violence concerne tout autant, sous d'autres formes, le monde adulte que celui des enfants. Enfin dans *Django Unchained* de Quentin Tarentino, la longue scène du dîner présente une montée progressive, très lente mais implacable de la violence, dynamique dont le réalisateur s'est fait une spécialité. Candie, un riche cultivateur propriétaire d'esclaves, véritable tyran psychopathe campé par Leonardo di Caprio, invite à dîner, dans sa demeure, Schultz et Django qui se sont présentés à lui sous un faux prétexte (en fait ils veulent libérer une esclave de Candie qui est la femme de Django). Au cours du dîner, Candie découvre leur tromperie et il leur fait comprendre très progressivement qu'il a saisi leur manigance, opérant par exemple de longues considérations à propos d'un crâne humain qu'il pose sur la table, dans une ambiance intensément dérangeante. La scène se termine par l'un des passages les plus violents et sanglants de l'histoire du cinéma, alors qu'elle commençait, en apparence, par un paisible dîner entre gentlemen.

DOCUMENT 1

Marcel Proust est un écrivain français du début du XXe siècle. Gravement asthmatique, il eut une enfance assez casanière et il s'imprégna très tôt de littérature. Puis, il consacra une partie de sa jeunesse à fréquenter l'aristocratie de son époque qui le fascinait. À l'âge de 36 ans, sa santé se dégradant, il s'enferma dans un appartement du boulevard Haussmann et il rédigea, allongé sur son lit, son œuvre principale, À la recherche du temps perdu, *aujourd'hui considérée comme un monument de la littérature française. Dans cette somme en sept volumes, le narrateur raconte son parcours jusqu'à devenir écrivain. Marcel Proust s'inspire largement de sa propre existence.* Du Côté de chez Swann *est le premier tome, où le narrateur se souvient de son enfance.*

Qui ne se souvient comme moi de ces lectures faites au temps des vacances, qu'on allait cacher successivement dans toutes celles des heures du jour qui étaient assez paisibles et assez inviolables pour pouvoir leur donner asile. Le matin, en rentrant du parc, quand tout le monde était parti faire une promenade, je me glissais dans la salle à manger, où, jusqu'à l'heure encore lointaine du déjeuner, personne n'entrerait que la vieille Félicie relativement silencieuse, et où je n'aurais pour compagnons, très respectueux de la lecture, que les assiettes peintes accrochées au mur, le calendrier dont la feuille de la veille avait été fraîchement arrachée, la pendule et le feu qui parlent sans demander qu'on leur réponde et dont les doux propos vides de sens ne viennent pas, comme les paroles des hommes, en substituer un différent à celui des mots que vous lisez.

Marcel Proust, *Du côté de chez Swann,* Gallimard, 1913

DOCUMENT 2

Laurent Carpentier est journaliste pour Le Monde *et auteur. Il nous fait visiter ici l'incroyable demeure de Victor Hugo à Guernesey. C'est l'occasion pour nous d'imaginer le grand écrivain face à son pupitre, donnant naissance aux* Misérables *et à tant d'autres chefs-d'œuvre.*

Guernesey – Quelle drôle de bicoque ! Pas du tout ce à quoi on s'attendait. De Victor Hugo (1802-1885), on avait l'image du bourgeois républicain, le conservateur devenu l'ami du peuple, l'écrivain épique, prosateur classique, comptable parcimonieux, homme de logique et d'ambitions. À Hauteville House, seule et unique maison qu'il posséda, à Guernesey, l'une des îles Anglo-Normandes sous domination britannique, c'est un tout autre homme que l'on découvre. Un Hugo décorateur, artiste fantaisiste et architecte fantasque, à mi-chemin entre un héros de Tintin et le facteur Cheval.

La pluie bat au carreau. Si la maison était située au milieu de la lande, on penserait aux *Hauts de Hurlevent* (Poche, 1974), d'Emily Brontë (1818-1848). Mais elle surplombe le port, faisant face aux flots ténébreux et, au-delà de l'horizon, comme par défi, à la France. C'est dans cette maison qu'on disait hantée que Victor Hugo, fuyant le Second Empire et un Louis Napoléon Bonaparte qu'autrefois il soutint avant de le combattre, a fini par se réfugier en 1856. Il y restera presque vingt ans. Et il la hante encore.

Romantique et rococo

Sur trois niveaux, les meubles au bois sombre sculpté à l'envi frisent le délire gothique, les panneaux façon chinois, dessinés par l'écrivain, font penser à une fumerie d'opium, les faïences de Delft nous emmènent chez les peintres flamands. Les tentures scandinaves, les mélanges de styles, de couleurs, d'époques, la collection d'assiettes accrochée au plafond... Tout fait penser au capitaine fou d'un navire inventé pour rester en cale à rêver d'aventures. Or, c'est ici qu'il écrira *La Légende des siècles* (1859), *Les Misérables* (1862), *Les Travailleurs de la mer* (1866), *L'Homme qui rit* (1869)...

En 1927, elle a été offerte par les descendants de l'écrivain à la Ville de Paris. Celle-ci y a entrepris de grands travaux de restauration, avec l'aide de la Fondation François Pinault (laquelle a mis 3,5 millions d'euros sur les 4,3 millions du budget). La maison était menacée par les dégâts des eaux et le défi du temps, mais le travail est allé au-delà, en s'évertuant à retrouver l'aménagement qu'en fit l'écrivain en l'achetant. À se promener à travers ce décor tout à la fois romantique et rococo, on se dit que le fantôme de Victor Hugo celui qui écrivait dans la préface de *Cromwell* (1827) : « Le réel résulte de la combinaison toute naturelle de deux types, le sublime et le grotesque » – doit être content.

Les maisons d'écrivains sont ainsi faites qu'elles appellent au rêve et à l'introspection. On imagine la salle du billard au rez-de-chaussée se transformant les soirs de brume en tripot, ou la table dans la pièce vitrée adjacente servant à des expériences de spiritisme. Nos pas de visiteurs invités post-mortem ne font aucun bruit sur les moquettes épaisses. On se croise en silence.

En passant devant les vitrines qui conservent comme autrefois les ouvrages de la bibliothèque de l'écrivain, chacun se met à psalmodier quelques vers des 158 poèmes qui composaient *Contemplations*, dont la publication, en 1856, lui permit d'acheter cette maison. En fait, tout le monde connaît le même : « Je marcherai les yeux fixés sur mes pensées/Sans rien voir au dehors, sans entendre aucun bruit/Seul, inconnu, le dos courbé, les mains croisées/Triste, et le jour pour moi sera comme la nuit... » L'adieu à Léopoldine, sa fille aînée, morte noyée dans la Seine. Pèlerinage littéraire... Mais peut-on restaurer une âme ?

Sous les toits, son royaume

Derrière la bibliothèque, un escalier miniature mène sous les toits. C'est là que commence véritablement le royaume d'Hugo, celui où il vivait, comme dans un phare, tel Nemo face aux éléments dans un bathyscaphe construit en plein ciel.

Côté sud du *look out* « regarder dehors », ainsi qu'il avait baptisé ce grenier aménagé dès 1861, il y a sa chambre, minuscule. Un petit lit, à peine une banquette, face à la porte vitrée donnant sur le toit qui surplombe la mer. Caché dans la soupente, de quoi faire ses ablutions. Une croix processionnelle. Comme Hugo a peur de ce vent qui fait siffler les murs, il fait dormir une bonne dans le placard attenant, et sa belle-soeur dans la pièce à côté.

Si l'on ouvre la porte-fenêtre, on peut par quelques marches en bois rejoindre le faîte de la maison et surplomber la baie, le port, la ville, le monde. L'écrivain a aussi fait trouer le toit à l'ouest, une autre verrière, étrange, comme dans une image de Gustave Doré. Et installé des banquettes en escalier, couvertes de tapis épais pas pour s'asseoir, mais pour qu'il puisse y mettre à sécher ses feuilles encore fraîches d'encre, et puis deux écritoires pour y écrire debout. On a attendu l'inattention d'un guide pour poser notre carnet sur l'un des pupitres, face à l'horizon mouillé. Pas d'appel des ténèbres, pas d'inspiration subite, de stylo qui court sur la page mû par des forces occultes, non. Mais une émotion soudaine comme un clin d'oeil de l'au-delà.

Laurent Carpentier, « Le repaire de Victor Hugo »,
Le Monde, 16 avril 2019

DOCUMENT 3

Cette photographie du salon rouge de la maison de Victor Hugo à Guernesey présente un décor riche, foisonnant, inspiré de styles divers et de civilisations différentes. On reconnaît ici l'immense culture et la curiosité illimitée du grand écrivain romantique.

Le salon rouge, maison de Victor Hugo à Guernesey

DOCUMENT 4

Évelyne Bloch-Dano est une auteure française contemporaine. Elle s'est notamment intéressée à la biographie des écrivains. Dans cet ouvrage, elle nous présente des maisons de grands auteurs. Elle recherche dans ces habitations des indices esquissant la personnalité des écrivains et nous révèle l'emprunte de leur existence.

On pourrait retracer l'itinéraire de Balzac en suivant ses domiciles parisiens, de la mansarde de la rue Lesdiguières au somptueux hôtel particulier de la rue Fortunée qu'il fit aménager pour Éveline Hanska, et où il mourut quelques mois plus tard. L'imprimerie de la rue Visconti : premiers rêves de fortune, premiers revers ; l'appartement de la rue Cassini, dont l'installation le ruine un peu plus ; et à quelques kilomètres de la capitale, entre Sèvres et Ville-d'Avray, la propriété des Jardies, où, projet grandiose, il envisage une plantation d'ananas ! Hélas, les ananas ne pousseront jamais. La maison sera saisie, puis mise en vente. Le grand homme est poursuivi par ses créanciers. Et c'est pour leur échapper qu'il loue, en octobre 1840, un modeste appartement de cinq pièces à Passy. Une aubaine, cette maison : le logement, en rez-de-jardin, possède une double entrée ; l'une rue Basse (aujourd'hui rue Raynouard), l'autre, deux étages plus bas, rue Berton, une ruelle par laquelle il peut s'échapper discrètement.

Précaution supplémentaire : Balzac loue sous un nom d'emprunt, M. de Breugnol, inspiré de celui de sa gouvernante Louise Breugnot, anoblie pour l'occasion. C'est dans cette maison, où il vécut sept ans, qu'est installé le musée Balzac. Le bâtiment principal a disparu, mais le pavillon d'origine où se trouvait l'appartement de l'écrivain est intact.

La création du musée connut pourtant des péripéties dignes de l'illustre locataire. En effet, quand en 1949 l'appartement de l'écrivain revint à la ville de Paris, les autres locataires refusèrent de quitter les lieux. De procès en procès, il fallut attendre 1960 pour que la maison entière soit acquise, et qu'on ouvre le musée. Maison, musée, centre de recherche : le lieu entretient une triple vocation. Elle s'enrichit aussi, depuis 1997, d'un fonds Théophile Gautier.

Mais, malgré la présence de quelques meubles et objets – dont la fameuse canne de dandy au pommeau en or et turquoises, plutôt massue que jonc, qui inspira tant les caricaturistes –, c'est le Balzac écrivain qu'il faut chercher ici. Ce n'est sans doute pas un hasard si la seule pièce reconstituée est son cabinet de travail. Ne nous en plaignons pas. Songez que dans cette pièce, sur cette petite table, il exposa pour la première fois le projet de la *Comédie humaine*, rédigea quelques-uns de ses chefs-d'œuvre, et corrigea des milliers d'épreuves. Ce contraste entre l'étroitesse des choses et l'immensité de l'œuvre est saisissant. Ce fut l'une de mes premières émotions en visitant les maisons d'écrivains, sans doute parce que Balzac, adoré dès l'adolescence, avait pris pour moi la dimension d'un géant. Cet écart entre la modestie de l'installation et le travail titanesque de l'auteur nous rappelle que si Balzac travaillait le dos à la fenêtre, c'est non seulement parce qu'il écrivait la nuit, mais parce que le monde qu'il couchait sur le papier jaillissait de la chambre obscure de son cerveau.

Évelyne Bloch-Dano, *Mes maisons d'écrivains*, Stock, 2019

DOCUMENT 5

Do-Ho Suh est un artiste coréen né en 1962. Dans cette œuvre, l'usage de tissus transparents permet d'évoquer le souvenir que nous conservons d'une ancienne habitation : nous en retenons globalement les formes mais l'image préservée apparaît diffuse.

Do-Ho Suh, *Perfect homes*

DOCUMENT 6

Philippe Besson est un écrivain français né en 1967. Dans ce roman, qui prend la forme d'un huis clos, le narrateur se retrouve avec son père, durant les vacances, dans une maison familiale. Le père est un homme cruel, dominateur, séducteur et nous comprenons que la mère s'est suicidée de chagrin. Tous les souvenirs d'une enfance difficile se cristallisent dans cette maison qui a appartenu au grand-père maternel et que le père désire vendre.

Je me suis souvent interrogé sur le choix de mon père.

Pourquoi cette maison ?

Il aurait pu choisir n'importe quel autre endroit. L'un des palaces de la Côte d'Azur où il adorait se pavaner, par exemple. Ou bien, la longère qu'il faisait semblant de retaper depuis des années en Normandie. L'argent n'avait jamais été une difficulté pour lui et les agences de voyage regorgent de destinations exotiques. Mais non. Il a opté pour le lieu des souvenirs. Là où planait évidemment le fantôme de ma mère.

Était-ce de la cruauté de sa part ? Il l'aurait nié. Cependant, il s'y entendait comme personne pour commettre ces actes apparemment anodins qui sont plus blessants que les agressions les plus explicites (il s'était maintes fois révélé expert en méchancetés minuscules).

Ou bien souhaitait-il renouer avec les jours joyeux de l'enfance ? Mais qu'en savait-il, de ces jours-là ? Il n'était jamais auprès de nous, trop occupé à jongler avec des millions et les décalages horaires. Il ne m'avait pas vu grandir.

Avait-il été saisi d'un remords tardif ? Avait-il pour projet de demander pardon pour ses innombrables défections ? Je l'imagine mal. La contrition n'était pas dans sa nature.

Philippe Besson, *La Maison atlantique* 10-18, 2015

DOCUMENT 7

Hayao Myasaki est un dessinateur et réalisateur de films d'animation japonais né en 1941. Ses dessins animés sont à lectures multiples, s'adressant tout autant aux adultes qu'aux plus jeunes. Hayao Myasaki s'intéresse, notamment, à la dichotomie entre la nature et la technologie et on sent ses œuvres très marquées par les destructions de la Seconde Guerre mondiale. Il s'inspire beaucoup, également, de la mythologie japonaise. Le Château ambulant *aborde subtilement des thèmes psychologiques. Ainsi, le château, dont l'architecture est assez chaotique, nous rappelle notre identité faite d'un patchwork d'images parfois incohérentes.*

Hayao Miyazaki, *Le château ambulant*, 2004

DOCUMENT 8

Roman Polanski est un réalisateur français né en 1933. Carnage, *sorti en 2011, est une comédie dramatique prenant la forme d'un huis clos. Suite à une bagarre entre deux enfants, les parents décident de se rencontrer pour réfléchir aux suites éducatives à donner dans l'intérêt de leurs progénitures. Cependant, de petits désaccords en cruelles vexations, la tension va montrer entre les deux couples. La violence entre adultes apparaît sans doute plus feutrée que celle d'enfants qui se bagarrent dans une cour de récréation mais elle n'en est pas moins implacable…*

Roman Polanski, *Carnage*, 2011

Étude 6

La symbolisation de la maison

« Nous sommes en la maison autant que la maison est en nous », affirme Bachelard dans *La poétique de l'espace*. En effet, la maison marque tellement l'esprit humain qu'elle s'impose comme l'un des symboles les plus forts structurant notre univers mental. Elle est souvent employée comme métaphore pour signifier notre corps, notre esprit ou ce que nous construisons dans nos vies. Ainsi Jésus dénonce-t-il l'« homme insensé qui a bâti sa maison sur le sable » (évangile selon Matthieu). La maison représente aussi le théâtre du drame œdipien, ce qui la prédispose à symboliser notre psychisme et ses conflits. Enfin, elle a encore un rôle politique, représentant l'unité d'un pays autour de son pouvoir légitime. On songe ici aux palais, les maisons des souverains. Ainsi, la Cité interdite, construite pour l'empereur de Chine au XVe siècle, rassemble de nombreux palais et jardins dans un quadrilatère de plus de 72 hectares. La géométrie d'ensemble se révèle caractéristique de la structure hiérarchique de la chine impériale et même de la cosmogonie (vision de l'univers) de cette civilisation.

1 La maison, symbole de notre corps et de notre esprit

- La maison est l'un des symboles les plus prégnants de notre corps. Ce n'est pas un hasard si elle représente l'une des toutes premières sources d'inspiration pour les dessins d'enfants. L'habitation s'y trouve souvent anthropomorphisée, avec deux fenêtres qui évoquent les yeux et la porte d'entrée, en dessous, qui fait comme une bouche. La façon de représenter ces maisons se révèle d'ailleurs fort significative pour les psychologues. À noter que le domicile peut faire écho aussi, dans l'inconscient des plus jeunes, à leur tout premier habitacle : le ventre de la mère. Il s'affirme dans la continuité de cet espace biologique sécurisé, c'est dire s'il est vécu comme fondamental pour le développement des enfants ! Mais le rapprochement entre la maison et le corps concerne aussi les adultes. Ne dit-on pas, par exemple, au sujet d'une femme à forte poitrine qu'« il y a du monde au balcon » ? Par ailleurs quand une maison est abandonnée, il s'en dégage une certaine fascination, en même temps que de la répulsion, comme si elle nous évoquait un corps mort. Dans le même ordre d'idée, beaucoup de personnes ayant subi un cambriolage ont témoigné avoir vécu l'événement comme un viol.

- Au-delà du corps, la maison symbolise également notre esprit. On parle justement d' « intériorité » pour évoquer le fonctionnement profond de notre âme, voire une activité d'ordre spirituel. Face à une personne que l'on souhaite aider mais qui demeure renfermée sur elle-même, on dira souvent que l'on a du mal à trouver « une porte d'entrée ». Quand quelqu'un nous paraît très inconséquent, on regrettera parfois qu'il n'ait « pas la lumière à tous les étages » ou qu'il ne soit « pas tout seul là-haut ». Les artistes ont mis en valeur ce rapprochement entre notre esprit et les habitations. Ainsi, le poète Georges Rodenbach a comparé les yeux à des fenêtres s'ouvrant sur l'âme. Le peintre Vilhelm Hammershoi a lui représenté de grandes fenêtres vues de l'intérieur, par exemple *La danse de la poussière dans les rayons du soleil*, tableau dans lequel de nombreux éléments suggèrent un retour sur soi, évoquant l'introspection voire la méditation : une porte fermée, la vue sur une cour intérieure, le jeu de lumière **(▶ Doc. 1)**.

- Les maisons sont souvent à l'image de leur propriétaire. Une habitation rangée avec un soin méticuleux ou, au contraire, une maison très désordonnée, un domicile où tout est parfaitement propre ou un espace dans lequel règne la poussière, un logement où la décoration est froide et épurée ou un appartement avec une profusion de bibelots sur chaque étagère, une ornementation de style Louis XVI ou une décoration très moderne : notre chez-soi est souvent significatif de l'état de notre caractère et de notre mental. Évidemment, il apparaîtrait caricatural de tirer de chaque détail des conclusions définitives sur le propriétaire ou le locataire des lieux mais, il est rare, par exemple, d'observer un grand désordre chez un perfectionniste. À noter que selon les périodes, notre intérieur peut changer parallèlement à une transformation psychique (désir d'une nouvelle décoration par exemple). Par ailleurs, chez beaucoup de personnes, le fait de ranger et nettoyer aide à se sentir mieux intérieurement. Tout se passe comme si nous projetions notre mental sur notre environnement.

2 La maison : un symbole freudien

- Sigmund Freud, l'inventeur de la psychanalyse, s'est servi de la maison comme d'une métaphore pour faire comprendre ce qu'il a découvert sur notre psychisme. « Le moi n'est pas maître en sa propre maison », affirme-t-il dans *Introduction à la psychanalyse* (paru en 1916). Qu'est-ce que le moi ? Freud a évolué sur le sujet mais selon sa première approche, il s'agit de la « personne » à l'intérieur de ma tête qui pense « je », qui se sent exister, qui a une image d'elle-même et qui a des souvenirs qu'elle peut mobiliser. Ces souvenirs jouent un rôle important dans notre identité. Traditionnellement, certains endroits de la maison représentent, pour notre esprit, les lieux des souvenirs : il s'agit avant tout du grenier, mais les armoires, les placards et les tiroirs peuvent aussi jouer ce rôle **(▶ Doc. 2)**.

- Quant à l'inconscient, l'espace qui le métaphorise le mieux est naturellement la cave : niveau inférieur, souvent en partie enterré, moins éclairé, moins « habité » à proprement parler (on y descend souvent pour des raisons précises et ponctuelles : aller chercher des provisions stockées, lancer une machine à laver à la buanderie). L'inconscient, selon Freud, est le lieu psychique où se trouve stocké tout ce que nous avons refoulé, ce que notre conscient ne veut pas voir ni savoir. C'est sans doute la raison pour laquelle, dans l'imaginaire, c'est le lieu de prédilection des monstres, soit l'espace le plus effrayant de la maison. À noter que les portes dérobées peuvent fasciner car elles représentent ces ouvertures discrètes vers l'inconscient : les rêves, nos lapsus et autres actes manqués.

- L'art s'est emparé de ce rapport entre la maison et l'inconscient. Ainsi dans son roman *La Maison où je suis mort autrefois* (paru en 2010), l'écrivain japonais Keigo Higashino met en scène une héroïne connaissant de grandes souffrances psychologiques. Cette dernière reçoit, après le décès de son père, une mystérieuse clef et un plan la conduisant à une maison qu'elle décide de visiter. Cette aventure s'apparente à une exploration de son passé et de son inconscient **(▶ Doc. 3)**. Nous pouvons penser aussi aux contes où les maisons ont souvent une forte portée symbolique **(▶ Doc. 4)**. La peinture nous offre également des réflexions intéressantes sur les rapports entre la maison et le psychisme humain. On songe ici aux tableaux à énigme, comme *Les Pantoufles* de Samuel Van Hoogstraten **(▶ Doc. 5)** ou au troublant *L'Empire des Lumières* de Magritte **(▶ Doc. 6)**. Le cinéma est également riche de symbolique sur ce sujet. Dans le film *Parasite* de Bong Joon Ho (sorti en 2019), le mari de la précédente gouvernante, puis Ki-Taek, vivent durant des années dans une cave à laquelle on accède par un passage secret. Nous pouvons évoquer, finalement, cet épisode étonnant de la saison 2 de *Breaking Bad* (série écrite par Vince Gilligan) où Walter White refait les fondations de sa maison, ce qui annonce bien l'évolution psychologique du personnage au long de la série.

3 Un symbole affectif, familial et collectif

- La maison représente bien plus, pour chacun de nous, qu'un amas de murs couvert par des tuiles. Elle est aussi la survivance d'un « territoire » que notre part animale est avide de protéger, parfois avec violence. C'est ainsi que la colère manifestée si quelqu'un se gare devant une sortie de voiture pourra apparaître démesurée par rapport à la réalité des faits. En outre, en tant qu'abri chaleureux dès notre petite enfance, la maison se fait symbole de protection et d'affection parentale, c'est aussi pour cela que des querelles d'héritage peuvent déchirer les familles : bien au-delà d'un simple bâtiment, c'est de l'amour de la mère et du père dont il est question.

- La maison est également un symbole collectif. Ainsi, certaines entreprises prestigieuses revendiquent le terme pour suggérer un noble enracinement dans l'histoire, en même temps qu'une certaine convivialité : « La Maison Hermès » par exemple. Par ailleurs, des familles renommées depuis des siècles se voient attribuer le mot également : « la maison de Bourbon », « la maison d'Orléans ». Le château, la plus noble des maisons, est d'ailleurs un symbole marquant de prestige qu'une grande famille se transmet comme témoignage de son passé glorieux, même s'il peut représenter une charge très lourde (▶ **Doc. 7**). Enfin, la maison peut métaphoriser la planète entière ; c'est le cas dans le fameux discours de 2002, au Sommet de la Terre en Afrique du Sud, où Jacques Chirac mettait en garde contre les dangers écologiques menaçant l'humanité : « Notre maison brûle et nous regardons ailleurs… »

- Enfin, la maison peut représenter le pouvoir. On songe aux donjons des comtes et des ducs, au Moyen Âge, qui devaient être le plus grand possible, symboles (que les psychanalystes qualifieraient de phalliques) suggérant le pouvoir du seigneur sur son domaine. À l'Époque moderne, le roi Louis XIV se fait construire le palais de Versailles qui représente bien son pouvoir sur le royaume de France. Le château est en effet bâti à l'Est de la ville, figurant le « roi Soleil » qui se lève au-dessus du royaume. Les plans du bâtiment et des jardins sont organisés d'Est en Ouest : de la même façon que notre astre structure nos jours, la monarchie structurait le pays. Les miroirs de la galerie des Glaces permettent de magnifier jusqu'aux derniers rayons du soleil. Par ailleurs, les parterres d'eau à côté de la façade ouest sont bordés de sculptures en bronze représentant les fleuves qui arrosent le territoire du royaume : la Loire et le Loiret, la Garonne et la Dordogne, le Rhône et la Saône, la Seine et la Marne. La chambre du roi se trouve naturellement placée au centre de l'édifice. À l'époque contemporaine, l'ambition des dirigeants apparaît moins orgueilleuse mais le souci symbolique est toujours présent. Ainsi, quand De Gaulle décide d'ajouter une tour à sa maison, la Boisserie, à Colombey-les-Deux-Églises, il opte pour une forme hexagonale (qui évoque le territoire français) et il décide que son bureau soit tourné vers l'Ouest, en direction de la capitale.

DOCUMENT 1

Wilhelm Hammershoi est un peintre danois de la fin du XIXe *et du début du* XXe *siècles. Il appartient au mouvement intimiste. Tout dans ce tableau semble inviter à l'intériorisation, voire à la méditation : la lumière, la simplicité de la poussière (« tu es poussière et tu redeviendras poussière », lit-on dans la Genèse), la porte fermée, la fenêtre donnant sur une cour intérieure.*

Wilhelm Hammershoi,
La danse de la poussière dans les rayons du soleil

DOCUMENT 2

Félix Vallotton est un peintre franco-suisse de la fin du XIXe et du début du XXe siècles. Il s'est affilié au mouvement postimpressionniste « nabi ». Ce tableau, peint en 1901, montre a priori une femme occupée à ranger des affaires dans un placard. Cependant, les draps blancs qui évoquent des âmes, les portes entrouvertes, l'éclairage et la posture agenouillée de la femme confèrent à cette scène une dimension spirituelle.

Félix Vallotton, *Femme fouillant dans un placard*

DOCUMENT 3

Keigo Higaschino est un écrivain japonais né en 1958. Le personnage principal de ce roman, Sayaka Kurahashi, n'a aucun souvenir de sa petite enfance. Après le décès de son père, elle reçoit une clef et un plan conduisant à une maison où les horloges sont toutes arrêtées à la même heure. L'exploration de cette bâtisse s'apparente alors une véritable psychanalyse. Ce roman évoque la maison de notre enfance qui cristallise nos souvenirs inconscients.

J'allai prendre la lampe torche dans la voiture, et nous entreprîmes de descendre l'escalier. Le froid venu d'en bas remontait le long de nos jambes. Il régnait une légère odeur de poussière et de moisi.

Au pied de l'escalier, il y avait un espace d'un demi-tatami et, sur le côté, une porte en fer avec une poignée en L. J'appuyai sur la poignée en m'éclairant avec la lampe. Il y eut un déclic. Je poussai et la porte s'ouvrit.

Derrière se trouvait une pièce de quelques mètres carrés, avec des murs en ciment. Des toiles d'araignées pendaient du plafond, les murs étaient noirs de moisissure. Du bois et des briques laissés à l'abandon jonchaient le sol. Peut-être les restes de la construction de la maison. Il y avait aussi deux bidons de pétrole lampant de vingt litres, que je soupesai. L'un était vide, l'autre en contenait encore un peu.

Je voulus allumer la lumière mais ne vis pas d'interrupteur sur le mur. Il n'y avait pas non plus d'ampoule au plafond. Pas même de prise pour en installer une.

- « Le propriétaire de cette maison vient lui aussi avec une lampe torche, » fis-je remarquer.

Sayaka se contenta de pencher la tête d'un air perplexe.

Au fond, derrière une porte coulissante posée sur un châssis d'aluminium, il y avait une autre pièce plus petite, ouvrant sur un escalier qui montait. De l'intérieur de la maison, il semblait qu'on accédait au sous-sol par cet escalier. Il n'avait pas été utilisé depuis longtemps, car une épaisse couche de poussière s'était accumulée sur les marches.

Keigo Higaschino, *La Maison où je suis mort autrefois*,
Actes Sud, 2010

DOCUMENT 4

Bruno Bettelheim est un psychologue américain du XX*e siècle qui s'est beaucoup intéressé à la psychanalyse et notamment à l'étude psychique des enfants. Il analyse ici le contenu du conte Jeannot et Margot, plus connu en France sous le titre* Hansel et Gretel. *Il réfléchit à ce que peut métaphoriser la maison dans ce récit.*

La maison de pain d'épice qu'ils trouvent dans la forêt représente une existence fondée sur les satisfactions les plus primitives. Se laissant emporter par leur faim incontrôlée, les deux enfants n'hésitent pas à détruire ce qui devrait leur procurer abri et sécurité, alors que les oiseaux, en mangeant les miettes de pain, auraient dû leur faire comprendre qu'il n'est pas bon de dévorer tout ce qu'on rencontre.

En dévorant une partie du toit et des fenêtres de la maison de pain d'épice, nos héros montrent qu'ils n'hésitent pas, par gourmandise, à priver des personnes de leur demeure (ils ont eux-mêmes transféré sur leurs parents leur peur d'être privés de maison en les accusant de vouloir les abandonner pour pouvoir manger à leur faim).

Malgré la voix qui les avertit de l'intérieur de la chaumière :

Et y te grignote et grignotons,
Qui grignote ma maison ?

Les enfants se mentent à eux-mêmes en répondant :

C'est le vent, c'est le vent.

Et « ils continuent à manger sans se laisser troubler ni déranger ».

La maison de pain d'épice est une image que personne ne peut oublier : quel tableau incroyablement tentant, séduisant, et quel risque terrible on court si on cède à la tentation ! L'enfant reconnaît que, comme Jeannot et Margot, il aimerait dévorer la maison de pain d'épice, quel que puisse être le danger. La maison représente l'avidité orale et le plaisir qu'on éprouve à la satisfaire. Le conte de fées est l'abécédaire où l'enfant apprend son esprit à lire dans le langage des images, le seul qui permette de comprendre avant qu'on ait atteint la maturité intellectuelle. Pour devenir maître de son esprit, l'enfant doit être familiarisé avec ce langage et doit apprendre à lui répondre.

Le contenu préconscient des images du conte de fées est beaucoup plus riche que les quelques exemples très simples qui vont suivre peuvent le suggérer : dans les rêves comme dans les fantasmes et l'imagination de l'enfant, la maison, c'est-à-dire l'endroit où il vit, peut symboliser le corps et, habituellement, celui de la mère. La maison de pain d'épice, qui peut être « dévorée », est le symbole de la mère qui, en fait, nourrit l'enfant de son corps. Ainsi, la maison que Jeannot et Margot mangent avec le plus grand plaisir et sans se soucier de quoi que ce soit, représente pour l'inconscient la mère bonne qui donne son corps en pâture. Elle est la mère originelle, qui est toute générosité et que tout enfant espère retrouver un jour quelque part dans le monde dès que sa propre mère commence à exprimer ses exigences et à imposer des restrictions.

Bruno Bettelheim, *Psychanalyse des contes de fées*

DOCUMENT 5

Samuel Van Hoogstraten est un peintre néerlandais du XVIIe siècle (le Siècle d'or des Provinces-Unies). Il est affilié au courant baroque. Inspiré à ses débuts par Rembrandt, il développe son propre style, perfectionnant notamment la technique des perspectives et du trompe-l'œil, excellant dans la construction de tableaux à énigmes. Tout semble a priori banal et bien sage dans cet intérieur bourgeois, mais la perspective nous l'indique : nous ne sommes pas encore entrés dans l'œuvre… Des indices comme le garçon regardant une jeune fille de dos, sur le tableau représenté au fond, et le symbole phallique du chandelier nous acheminent vers une lecture plus audacieuse. La clef dans le verrou redouble le symbole sexuel, en même temps que le trousseau nous invite à chercher les clefs du tableau.

Samuel Van Hoogstraten, *Les Pantoufles*

DOCUMENT 6

René Magritte est un peintre belge du XX*e* *siècle. Il est affilié au mouvement surréaliste. On comprend vite ce qui nous trouble ici : dans la partie où se trouve la maison, les ombres et les jeux de lumière nous indiquent une scène nocturne, tandis que, dans la moitié haute du tableau, c'est le jour !*

René Magritte, *L'Empire des lumières*

DOCUMENT 7

Jean d'Ormesson est un écrivain membre de l'Académie, mort en 2017. Issu d'une famille subsistante de la noblesse française, il possédait le château familial. L'auteur s'est inspiré de cette situation dans son roman. Le narrateur raconte les péripéties de ses ancêtres et du château familial depuis le Moyen Âge, notamment le cataclysme de la Révolution française qui a rendu la noblesse de sa famille nulle et non avenue, ainsi que les bouleversements du XX*e siècle.*

Le château de mon père et de mon grand-père, de son père et de son grand-père et de leurs arrière-grands-pères à travers les siècles et les générations, était tout plein comme vous pouvez bien l'imaginer, des legs successifs du passé. Les commodes-tombeaux, les secrétaires à cylindre, les consoles en marqueterie ou en vernis Martin, les tables rognon ou bouillotte ou demi-lune, les bonheurs-du-jour, les régulateurs, les tapisseries d'Aubusson ou des Flandres, les tableaux d'ancêtres en grand uniforme, négligemment appuyés sur un bureau, avec une lettre à la main, sur laquelle se lisaient distinctement les deux mots sacrés : Au Roy, tout cela, et le reste, tout ce qui encombrait des enfilades de greniers pleins de poussière et de malles immenses où nous n'avions pas le droit de nous cacher et où flottaient parmi les toiles d'araignées tous les fantômes des ancêtres, tout cela avait été apporté par les vagues répétées des générations successives.

[...]

Chaque nation, chaque famille, chaque individu vit sur une mythologie qui colore son existence. Notre mythologie à nous, c'était le château. Le château jouait un rôle énorme dans notre vie de chaque jour. On aurait pu dire, peut- être, qu'il était l'incarnation du nom. Le même sacré les baignait. C'était le nom pétrifié. Il ne se limitait pas aux murs, aux tours, à l'immense cour intérieure, aux escaliers en spirale que le roi François Ier avait gravis à cheval à son retour de captivité, aux fossés pleins d'eau où naviguaient des carpes qui avaient encore connu les beaux jours de la monarchie légitime. Il s'étendait aux terres et aux forêts qui lui faisaient comme un écrin. De temps en temps, mon grand-père montait avec moi sur la plus haute tour du château. Nous dominions la campagne. Il faisait beau. Il me montrait ce que les siècles avaient donné aux miens. Nous voyions au loin Saint-Paulin, et Roissy, et Villeneuve, et le cimetière de Roussette où nous étions tous enterrés. Ma grand-mère disait que c'était une terre bien française et mon grand-père ajoutait qu'elle ressemblait à toutes celles qu'avaient chantées Ronsard, La Fontaine et Péguy. Je regardais. Je voyais des champs et des arbres et des collines assez douces. C'était le coin de France qui nous appartenait.

Jean d'Ormesson, *Au plaisir de Dieu,* Gallimard, 1974

Étude 7

Les fonctions de la maison

À quoi sert, en définitive, une maison ? Le rôle de notre habitation apparaît tellement vaste, en fait, qu'on pourrait répondre simplement qu'elle sert à vivre ! Rien qu'à propos d'un meuble, dans sa nouvelle *Le Lit* (parue en 1882), Maupassant a justement remarqué : « Le lit, mon ami, c'est toute notre vie. C'est là qu'on naît, c'est là qu'on aime, c'est là qu'on meurt ». La maison nous apporte bien sûr, avant tout, un abri. Elle permet aussi à beaucoup d'entre nous de travailler. Elle est encore la garantie de notre intimité et à ce titre, elle nous offre le cadre qui nous autorise, ni plus ni moins, à rêver. « Le monde bat de l'autre côté de ma porte », a écrit Pierre Albert-Birot dans son poème *Intérieur*. L'ambiguïté de ce vers apparaît intéressante ; on est en droit de se demander : de quel côté ? Le titre du poème répond à la question ! Par ailleurs, la maison sert à exposer nos goûts, notre identité et parfois notre réussite. On pense, par exemple, aux cabinets de Curiosité, de la Renaissance au XIXe siècle, où les aristocrates et les bourgeois exposaient, aux yeux de leurs visiteurs, des objets divers d'origines exotiques. Les habitations sont devenues, aujourd'hui, des temples de la consommation et souvent, dans un quartier, les propriétaires se donnent envie mutuellement de telle mode décorative, d'un nouvel ameublement ou d'un équipement dernier cri. La pelouse du voisin est souvent plus verte que la nôtre ! La maison personnelle contribue ainsi, par nature, à l'individualisme et à la société de consommation. Pour autant, elle n'en demeure pas moins un espace éminemment social, où les conversations se feront souvent plus intimes, plus profondes que dans d'autres lieux (entreprise, école, restaurant ou autre lieu public).

1 Les fonctions pratiques

- Si l'on considère la pyramide que le psychologue Abraham Maslow a conçue, dans les années 1940, pour synthétiser les ressorts de notre motivation, on constate qu'être bien logé assure la base de nos besoins. En effet, la maison nous permet de nous reposer, de nous nourrir et d'évacuer nos excréments. Elle assure même le deuxième étage de la fameuse pyramide en nous offrant abri et protection. Elle nous permet, par ailleurs, de pratiquer un grand nombre de nos loisirs : jeux sur console ou PC et jeux de société, télévision, culture physique, lecture. En outre, même si les concerts sont une expérience de communion artistique très appréciée, écouter de la musique chez soi permet de profiter d'un son très pur, sans bruit parasite, à condition bien sûr de disposer de bonnes conditions techniques et acoustiques.

- Par ailleurs, la maison est un espace de travail. Le phénomène s'est généralisé avec les confinements durant la crise du Covid-19 mais l'exercice domestique d'une partie au moins de l'activité professionnelle était déjà très fréquent auparavant. Ainsi, dans de nombreuses professions, le lieu de travail est contigu à la maison, voire intégré en elle. Certains boutiquiers ont leur appartement au-dessus de leur magasin. Les agriculteurs établissent souvent leur résidence au milieu de leur exploitation ; d'ailleurs dans les anciennes fermes, il arrive encore que la grange soit au-dessus de l'habitation, voire que des pièces abritant des animaux soient intégrées dans la bâtisse. De nombreux artistes et artisans ont leur atelier dans leur logis. Il arrive aussi qu'un prêtre vive dans un presbytère jouxtant l'église, avec un accès direct à la sacristie. Dans de nombreuses autres professions, une partie du travail de bureautique et de communication se pratique chez soi, voire la totalité de l'activité (notamment grâce à la technologie : internet, téléphone portable). Durant les confinements, nous avons été nombreux à devoir expérimenter le télétravail. Pour cela, certains ont dû faire preuve d'imagination pour se ménager un espace de travail, se servant par exemple d'une planche à repasser en guise de bureau. On s'arrange aussi pour que les fonds d'écran soient corrects lors des visioconférences : éviter de montrer son lit, préférer les murs neutres, à défaut disposer un paravent ou incruster un fond d'écran par l'informatique **(▶ Doc. 1 et 2)**.

- Enfin, la maison est un espace de rangement et de stockage. Au grenier, on accumule souvent des souvenirs : vieilles photographies, meuble qui n'a plus sa place mais auquel on est attaché pour une raison sentimentale, dessins d'enfants… À la cave, on stocke plutôt les denrées alimentaires (pommes de terre, boîtes de conserve…) et on range les outils. Nous pouvons aussi conserver de nombreux vêtements et autre linge dans des placards **(▶ Doc. 3)**. Souvent, les déménagements sont d'ailleurs l'occasion de trier et de jeter des quantités importantes d'objets que l'on stockait sans trop en avoir besoin. Enfin, la maison est aussi le lieu où l'on expose ses précieuses collections : classeurs de timbres pour les philatélistes, pochettes de pièces de monnaie pour les numismates, étagères couvertes de voitures miniatures, de figurines ou autres pour les passionnés de toutes sortes d'objets.

2 Protéger notre intimité

- La maison est précieuse aussi car elle assure notre intimité, grâce à ses murs et ses cloisons. Ces derniers nous protègent des intempéries mais aussi du regard des autres, constituant une bulle qui nous autorise à être nous-mêmes. Les couloirs permettent de changer de salle, donc de passer d'une activité à l'autre sans avoir à s'exposer à l'extérieur ; on dit qu'ils *distribuent* les différentes pièces. Remarquons le statut particulier des portes qui autorisent le passage entre l'extérieur et l'intérieur, des fenêtres qui, outre le fait de laisser passer la lumière, permettent de voir (ou d'être vus quand nous le souhaitons) tout en demeurant protégés. Signalons aussi ces espaces intermédiaires entre l'intérieur et l'extérieur que constituent les balcons, les terrasses et les vérandas. Le Japon cultive cette ambiguïté entre le dedans et le dehors depuis longtemps avec les jardins intérieurs et le concept de l'*engawa*, sorte de couloir autour de la maison, ouvert à la belle saison et qui peut parfois se refermer en hiver.

- C'est ainsi que la maison assure une certaine *sanctuarisation* de notre espace de vie. La porte d'entrée nous autorise en effet à sélectionner ceux que nous acceptons dans notre intérieur et ceux que nous refusons. Parfois, un sas ou une salle d'entrée permet de retirer manteaux, vestes et chaussures, ce qui s'avère bénéfique contre la saleté, l'eau ruisselante en cas de pluie et les microbes. À noter que souvent, nous entretenons une certaine hostilité envers ceux qui se permettent de sonner sans y être conviés d'une façon ou d'une autre : témoins de Jehova, démarcheurs, colporteurs ou quêteurs. Une règle tacite tend à poser que même pour *demander* l'entrée et actionner la sonnette, il faudrait avoir une certaine légitimité : rendez-vous dûment fixé, ami attendu, livreur. Terminons avec le cas particulier de la cohabitation ; elle se fera de préférence entre personnes qui se sont choisies, sinon les risques d'incompatibilité peuvent rendre le quotidien très désagréable.

- Cette sanctuarisation nous permet de vivre les différentes dimensions de notre intimité. D'ailleurs même au sein d'une famille, des espaces délimités autorisent l'intimité de chacun des proches (sauf trop grande promiscuité due à un habitat exigu). Ainsi, la chambre parentale est souvent taboue pour les enfants. De même, les adolescents se montrent jaloux de leur espace, dans lequel il sera préférable de frapper avant d'entrer. L'intimité apparaît essentielle également car elle favorise la *rêverie*, activité doublement importante. D'une part, comme l'explique la psychanalyste Michèle Perron-Borelli dans son essai *Dynamique du fantasme* paru en 1997 (PUF), elle a une fonction de préparation à l'action : elle nous donne l'énergie d'agir et nous permet souvent d'imaginer les moyens pour parvenir à nos fins professionnelles, sentimentales ou autres. Mais elle nous octroie aussi le plaisir de la pure création, du voyage imaginaire. Pour Bachelard, la rêverie est même la première fonction de la maison (▶ **Doc. 4**). « Une simple image, si elle est nouvelle, ouvre un monde. Vu des mille fenêtres de l'imaginaire, le monde est changeant », affirme-t-il. De même, dans un poème, Jules Supervielle fait accourir par l'imaginaire des cavaliers entre les murs de sa chambre (▶ **Doc. 5**). On pense aussi à Oblomov, le personnage d'Ivan Gontcharov qui se fait un point d'honneur d'être casanier et qui méprise ceux qui ont besoin de sortir dix fois par jour, se dispersent, incapables de se retrouver. Oblomov passe son temps à rêver, assumant tout à fait sa paresse. On songe encore au narrateur dans *Du Côté de chez Swann* de Marcel Proust, qui reconstitue progressivement sa chambre, dans un mouvement très poétique, peu après son réveil (▶ **Doc. 6**). Au sein d'une maison enfin, un espace est parfois dédié à la spiritualité. Déjà sous l'Antiquité, les Romains qui en avaient les moyens aménageaient un *laraire* : un autel dédié aux dieux domestiques, *les Lares*. De même aujourd'hui, certains disposent d'un espace avec des statues religieuses, un autel à offrande, un tapis de prière ou encore un coin dédié à la méditation et au yoga.

3 Les fonctions sociales

- Si la maison nous autorise le repli sur nous-mêmes, elle reste, cependant, un lieu privilégié pour les relations familiales et amicales. Tout d'abord, elle est fondamentale pour la protection et l'éducation des enfants. En effet, on sait que chez l'espèce humaine, les enfants en bas âge sont plus fragiles que chez d'autres animaux. La maison offre aux bébés un espace abrité pour que leur corps et leur esprit se développent tranquillement. Quand les enfants grandissent, l'habitation familiale se révèle un espace de partages, d'affection et parfois aussi, de tensions, bref un lieu d'intenses échanges sociaux. Par ailleurs, il est intéressant d'observer les enfants jouer à se construire une cabane (▶ **Doc. 7**). Cette activité les conduit à redoubler le plaisir de protection de la maison, et à établir un territoire régi par leurs propres règles (dans leur imaginaire tout au moins).

- La maison est aussi le lieu par excellence de l'hospitalité. C'est là que nous avons le plaisir de recevoir nos proches, traditionnellement autour d'un repas. Des connaissances moins intimes peuvent être invitées également mais elles font l'objet d'une certaine sélection. La proximité géographique ou professionnelle ne saurait suffire. Par exemple pour être reçu, un voisin devra souvent, au préalable, paraître agréable, avoir de l'humour et du tact, prouver une certaine « normalité » et démontrer son respect de notre intimité. Quand on est reçu, des codes s'appliquent là aussi. Il est de bon ton d'apporter une bouteille, un dessert, ou un présent. Les fleurs sont bienvenues en petit comité (dans une grande réception, les hôtes auront trop à faire pour s'en occuper, voire ils manqueront de vases). Il est préférable d'arriver avec un léger retard – le fameux « quart d'heure de politesse » – afin de laisser aux hôtes un petit temps « de sécurité » pour les préparatifs. L'injonction polie « faites comme chez vous » est bien sûr à relativiser : il ne s'agit pas de s'allonger sur le sofa ou de boire plus que de raison ! Par ailleurs, certaines formes de convivialité amènent à recevoir des inconnus et à faire connaissance avec eux. Sur la route du pèlerinage vers Saint-Jacques-de-Compostelle, des résidents apposent une coquille « Saint-Jacques » sur leur porte, signe qu'ils sont disposés à recevoir des pèlerins. Rappelons par ailleurs le succès des maisons d'hôtes qui permettent, au lieu de dormir à l'hôtel, d'être reçu chez l'habitant, dans le cadre cette fois d'une transaction commerciale, ce qui n'exclut pas, bien sûr, les belles rencontres. Enfin les sites comme *Couchsurfing* proposent de recevoir des touristes étrangers et d'être en retour nous-mêmes reçus lors de nos voyages.

- La maison a aussi à voir avec la cité ; elle possède une dimension « politique ». En effet, il faut avoir un domicile pour être en mesure de voter. Des procédures sont prévues pour les sans-abris mais les démarches sont complexes et restent rares. Par ailleurs, l'habitation fait l'objet de taxations au profit de l'État et des collectivités territoriales. Sous la Révolution française, un impôt sur les portes et fenêtres est instauré. Il est abandonné en 1926 pour raison d'hygiène notamment, certains construisant des bâtisses avec trop peu d'ouvertures pour limiter l'imposition… Aujourd'hui, les maisons restent fortement imposées : de la taxe d'habitation à la taxe foncière en passant par les droits de succession. Certaines professions, notamment dans le secteur public, proposent des logements de fonction, ce qui constitue un complément de rémunération très intéressant. Enfin, des utopies comme celle imaginée par Thomas More ont voulu penser l'habitation d'une façon rationnelle et imposée à tous mais elles sont perçues comme dangereuses (▶ **Doc. 8**). En effet, l'habitation personnelle est l'un des ressorts de l'individualisme et un certain choix laissé dans le domaine du logement représente un garant de la liberté individuelle.

- Paradoxalement, même si elle est essentiellement constituée de murs et si nos jardins sont souvent entourés de clôtures, la maison sert aussi à *montrer*. Tout d'abord, elle est le signe extérieur de richesse le plus prisé et beaucoup rêvent de manifester leur réussite avec la fameuse « villa piscine ». Par ailleurs, chez certaines grandes familles de la noblesse, notamment en Angleterre, l'habitation luxueuse devient un théâtre où les aristocrates se mettent en scène. Dans la série *Downtown Abbey*, la demeure se trouve strictement divisée entre « *downstair* » : le sous-sol semi enterré où vit et œuvre le personnel (cuisines, lieux de stockage) et « *upstair* » : le rez-de-chaussée et les étages où réside la famille Grantham, maîtresse des lieux et où les domestiques et les bonnes ne montent que pour servir, nettoyer, ranger et... se coucher dans les combles. La vie du comte de Grantham, de sa femme et de ses filles se trouve strictement régie par une étiquette qui leur impose en permanence de montrer leur rang. Aujourd'hui, Internet a comme ajouté une fenêtre à notre maison, incitant de nombreux utilisateurs à exposer leur vie privée (personnes très actives sur Facebook ou Instagram, youtubeurs filmant leur quotidien). Rares sont ceux qui ne sacrifient en rien à cette exposition, quand on considère par exemple la coquetterie des intellectuels, lors des visioconférences ou des interviews, consistant à bien montrer leur bibliothèque en arrière-plan. Cette obsession de montrer a atteint un paroxysme avec les expériences poussées de téléréalité, dans la lignée du « Loft ». Il s'agit d'évoluer au milieu des autres dans une habitation truffée de caméras épiant l'intimité des occupants (disputes entre participants, flirts amoureux et même un rapport sexuel dans une piscine). L'actrice Daniela Tobar a été précurseur de cette tendance en vivant pendant deux semaines, en janvier 2000 à Santiago du Chili, dans une maison entièrement transparente (**▶ Doc. 9**).

DOCUMENT 1

Sibylle Vincendon est une auteure qui a été journaliste pour Libération. *Elle explique dans cet article comment, avec la crise du Covid-19, le télétravail a conduit à repenser l'aménagement de nos habitations.*

Après trente ans de méfiance des directions des ressources humaines à l'égard du télétravail, toute la France tertiaire a basculé en quarante-huit heures dans cette pratique, avec confinement par-dessus le marché. Comment les salariés renvoyés chez eux se sont-ils débrouillés pour installer leur nouvel espace de travail ? En bricolant. Mais au-delà du système D, ces pionniers défricheurs ont-ils ouvert la voie à des réflexions et à des changements durables sur ce que sera l'habitation de demain ? Les premiers résultats d'une étude en cours menée par l'Idheal (Institut des hautes études pour l'action dans le logement) et lancée dès le début de cette expérience inédite montrent la créativité – et l'endurance - des collaborateurs concernés. Intitulé « Aux confins du logement », ce questionnaire comporte de nombreuses cases d'expression libre, sur le mode « Racontez-nous votre télétravail de confiné ». Les gens se livrent. Leurs propos sont à la fois édifiants et instructifs : si le travail à distance se développe, on comprend qu'il va falloir procéder à des modifications substantielles.

UN COUP D'ŒIL CHEZ LES SALARIÉS On n'en est pas encore là. Pour le moment, les habitants ont d'abord agi dans l'urgence. Première étape, bidouiller un bureau (le meuble). Confinement dans le confinement : « Une étagère du dressing a été transformée en bureau. » Exploitation des surfaces disponibles : « Je travaille sur une étagère à livres du salon. » Recyclage : « J'ai créé un bureau éphémère avec des planches de parquet. » Redécouverte des stocks : « Nous avons remonté une table de camping qui est posée devant notre lit pour me permettre de travailler ! Le lit est donc ma chaise ! Pas très ergonomique mais nous n'avons pas trouvé mieux ! » Deuxième étape, créer un bureau (la pièce). La négociation est constante. Avec les autres : « Je pivote la table de la cuisine pour qu'elle soit face à la fenêtre (et je la remets en position normale à la fin de ma journée de travail pour que la cuisine soit de nouveau utilisable et signifier le retour en mode "maison"). » Ou avec soi-même : « J'ai reculé la table pour ne pas être en pleine lumière et trop proche de la vue, qui aspirait mes pensées vers tout sauf l'écran. » Le télétravail révèle des poètes : « Je change de pièce selon la période de la journée pour profiter de la lumière. » Et les pragmatiques : « J'ai positionné mon meuble de travail à côté d'une prise électrique, face à une porte vitrée afin de surveiller mon animal de compagnie et voir ce qu'il se passe dehors. » Quels que soient les aménagements, le télétravail finit par conquérir les mètres carrés. Cible numéro un : la table du repas. « Nous nous débrouillons pour manger ailleurs. Nous avons deux ordis portables et un grand écran pour travailler et nous mangeons ailleurs. » Où se trouve cet

« ailleurs » ? « Je travaille sur la table de cuisine donc on mange sur la table basse du salon et la préparation des repas est compliquée. » On se console comme on peut : « Nous revenons à des habitudes d'étudiants et mangeons sur la table basse du salon. » On procède à des arbitrages étranges : « Mon mari utilise le bureau, moi j'alterne entre la table basse assise par terre ou la table à repasser placée face à la fenêtre (meilleure option) ». Enfin, point clé du travail à distance et pas le plus facile : la visioconférence. Il n'était pas écrit dans le contrat de travail que la hiérarchie puisse jeter un coup d'œil chez les collaborateurs. Là encore, on s'adapte. « J'ai déplacé le bureau de la chambre pour qu'en visioconférence, le lit et la penderie ne soient pas visibles. » D'une manière générale, beaucoup ont rangé, déplacé les meubles, vidé le garage ou le salon, repeint les murs parfois. On sent l'envie d'améliorer les conditions de travail dans ce drôle de moment et d'en profiter au passage pour revoir son cadre de vie.

Que restera-t-il de ce grand chambardement ? D'abord la certitude que le télétravail implique des mètres carrés en plus. Mais « vu le niveau des prix, si l'on veut de grands logements, cela va devenir difficile de rester en centre-ville et plus encore dans Paris », constate l'architecte Patrick Rubin. Est-ce si dramatique que ça ? Si la question des temps de transports ne se pose plus, le salarié télétravailleur pourrait accepter plus facilement d'aller s'installer loin des centres-villes. Voire en aurait envie. Directeur de l'établissement public d'aménagement Euratlantique à Bordeaux, Stephan de Faÿ l'assure : « Un des effets de la crise va être d'accélérer le départ des personnes et des entreprises de Paris vers la banlieue et des métropoles vers le rural. » Certes, réussir cette migration implique que « le déploiement de la fibre s'accélère » et suppose aussi « la relocalisation d'une partie de la production industrielle en Europe ». Mais à ces conditions, il voit dans cette conjoncture « une chance historique ».

RÉINVENTER LES PIÈCES Cela étant, la force d'attraction des métropoles ne va pas s'écrouler du jour au lendemain. Quelles solutions alors pour ceux qui n'ont aucune envie de s'éloigner des centres-villes et qui se retrouveront en télétravail ? Condamnés à bosser sur un coin de table dans la cuisine ? Pas forcément. L'architecture a ses réponses. « En télétravail, il faut pouvoir s'isoler », résume Stéphane Rouault, architecte du cabinet Lemérou. « Et pas dans un placard », complète sa consoeur Sophie Delhay. Comment faire si on ne pousse pas les murs ? Il faut configurer les mètres carrés autrement. « Pas forcément avec plus de surface mais il faut que le logement rende possible différentes configurations », explique Sophie Delhay.

Première mesure : « En finir une bonne fois avec la séparation jour nuit », ce plan habituel des appartements dans lequel la pièce à vivre est d'un côté (jour) et les chambres collées entre elles de l'autre (nuit). « La chambre est aussi un lieu individuel qui a des usages le jour et la nuit », remarque-t-elle avec bon sens. Sans compter la protection de l'intimité. Deuxième impératif : cesser de parler de « chambre » ou de « salon », et arrêter de leur donner des tailles différentes. Sophie Delhay a dessiné un immeuble de 40 logements à Dijon, baptisé Unité(s) +, dans lequel toutes les pièces, les « unités », sont des surfaces de 13 mètres carrés sans attribution décidée à l'avance. Un système de portes coulissantes, un plan ramassé autour de la cuisine qui débouche sur un balcon ou une terrasse font que tous les scénarios d'agencement deviennent possibles. Quand elle évoque ces appartements, qui sont aujourd'hui tous occupés et pour lesquels elle a décroché une équerre d'argent en 2019, Sophie Delhay ne décrit pas des lieux, elle raconte des situations : comment la pièce des enfants s'ouvre sur le séjour à l'heure du goûter, comment une autre se ferme pour travailler tranquillement ou à l'inverse, tout se dégage pour recevoir du monde à déjeuner le dimanche. Les plans montrent des configurations en coworking, envie partagée, en travail à domicile. En fait, à part les arrivées d'eau, rien ne conditionne l'usage des pièces. Le tout a été bâti dans un budget de construction de logement social.

SPORT ET LÉGUMES À Nantes, à Cergy-Pontoise, bientôt à Bordeaux, l'agence Lemérou a creusé elle aussi cette idée des « espaces appropriables pour de nouveaux usages », comme l'explique Stéphane Rouault. Ainsi proposent-ils ce qu'ils appellent « l'entrepièces », « un espace filtre entre la cuisine et la salle de bains. Mais ce qui est important, c'est qu'il a toujours un prolongement extérieur vers la terrasse et la lumière du jour ». À quoi ça sert ? « À faire du sport, éplucher les légumes, travailler. Il faut offrir aux gens des lieux qu'ils peuvent nommer à leur manière », répond l'architecte. Mais sur le télétravail, l'entrepièces n'est pas la seule réponse. « Il faut raisonner à l'échelle de l'immeuble. Le logement ne peut pas tout porter. Le télétravail pose la question des espaces partagés. Pourquoi ne pas créer dans l'immeuble un endroit dédié au travail des habitants ? » Les bailleurs sociaux, assure-t-il, « sont de plus en plus ouverts à ces expérimentations ». Dans la promotion privée c'est une autre histoire. Dans la « dictature des égoïsmes » des copropriétés, « on ne peut pas créer de locaux partagés parce qu'ils finissent toujours par être vendus », soupire Stephan de Faÿ. Certains promoteurs prennent quand même le risque. Directeur des grands projets et de l'innovation chez Care promotion, Jean-Raphaël Nicolini raconte comment, dans certaines opérations, sa société a gardé la propriété et la gestion d'un lieu partagé. « À certains endroits, le commerce de rez-de-chaussée, ça n'a aucun sens. En revanche, une chambre en plus, un bureau, un lieu de travail peuvent en avoir. » À Bordeaux, Elithis, un autre promoteur, construit avec l'architecte Patrick Rubin un ensemble de deux immeubles avec, entre les deux, un troisième édifice de 300 m² sur quatre niveaux, sans affectation. « C'est une sorte de rassembleur pour des services communs », explique Rubin. Jean-Raphaël Nicolini l'espère : « Le télétravail peut offrir aux promoteurs une opportunité de se réinventer. »

Sibylle Vincendon, *Libération*, 30 avril 2020

DOCUMENT 2

Anne-Lise Carlo est journaliste pour Le Monde. *Elle s'intéresse ici aux modifications à venir dans l'aménagement de nos habitations suite à la crise du Covid-19.*

Une coquille d'escargot. Un cocon. Un refuge. Il y a différentes manières de définir notre logement en temps de pandémie, mais toutes racontent la même chose : le réinvestissement, à la fois psychique et matériel, d'un lieu où l'on peut enfin souffler, au propre comme au figuré. Enlever le masque et relâcher la vigilance.

Comme beaucoup de pans de notre existence, notre rapport au domicile est bouleversé par les confinements et la généralisation du télétravail. Mais jusqu'ici, le domicile lui-même n'a pas beaucoup changé. On bricole un bureau de fortune, on entrepose des masques sur un coin de table, on se réfugie dans une chambre pour travailler… Or les crises épidémiques ont toujours modifié en profondeur nos lieux de vie : les aménagements du baron Haussmann à la fin du XIXe siècle, dans un Paris insalubre en proie à la peste et au choléra, visaient à faire respirer la capitale avec de grands boulevards, des égouts et des espaces verts ; les constructions modernistes des années 1920, influencées par la lutte contre la tuberculose, comportaient de nombreuses ouvertures laissant passer lumière naturelle et air extérieur.

Comment nos maisons et appartements vont-ils répondre à la crise du Covid ? Trois axes de réflexion se superposent pour redessiner l'habitat : la technologie, le retour de l'hygiénisme et le bien-être, incluant à la fois confort et conscience écologique. Avec un même but : créer une habitation bienheureuse et protectrice. « Même si elle a une fonction aussi enveloppante qu'un cocon, ce ne sera pas une maison coupée ni du monde extérieur ni de son environnement naturel. C'est même tout le contraire », juge Mateo Kries, président du Vitra Design Museum. L'architecte parisien Nicolas Ruiz pense, lui, que l'essentiel est ailleurs, dans une philosophie de l'intérieur qui reste à construire. « À penser uniquement des habitations aux usages fonctionnels (manger, dormir), nous avons oublié de nous inventer un art de vivre domestique, une réflexion profonde sur le bien-être », estime-t-il. À l'image du *hygge* danois, du *lagom* suédois ou du *feng shui* chinois. Visite guidée de la maison post-Covid.

Le bureau mobile

Le « coin bureau » fera désormais partie intégrante des conceptions des maisons de demain, de manière durable : en mai 2020, 40 % des salariés d'entreprises de plus de 10 personnes télétravaillaient, et une partie d'entre eux souhaitent continuer à le faire à l'avenir après un accord national interprofessionnel conclu fin novembre, des négociations sont en cours dans de nombreuses sociétés. Car le télétravail ne peut s'improviser sur un coin de table. Pour tous ceux qui n'ont pas la chance de disposer d'une pièce en plus, il faut créer des conditions idéales pour retrouver chez soi un cadre serein et confortable. Après le bricolage pratiqué pendant le confinement, l'un sur le canapé, l'autre sur le lit, de nombreux citadins se sont résolus à créer un « coin travail ». En témoigne cette annonce parue sur Leboncoin pour une méridienne à vendre à Paris : « Achetée il y a deux mois mais ne convient pas dans le salon car finalement nous aurions besoin d'espace pour installer un bureau à la place. »

« Le bureau est un questionnement récurrent dans l'espace domestique puisque le télétravail va s'installer dans les mentalités », confirme l'architecte Nicolas Ruiz (studio HnA), qui a offert quatre-vingts téléconsultations gratuites sur ces questions d'aménagement pendant le confinement. Parmi les nombreuses solutions possibles, on en retiendra deux permettant de se doter d'un bureau mobile. Celle du designer Samuel Accoceberry avec Nebula, des élégants panneaux acoustiques articulés, réalisés à partir de matières recyclées et soutenus par une structure en chêne ou frêne massif. Ils permettent d'isoler phoniquement son bureau au sein du salon ou de la chambre. De même, le « bureau mobile » imaginé par les designers 5.5 en collaboration avec l'enseigne Leroy-Merlin, à fabriquer soi-même, qui est en réalité un simple chariot à plancha détourné et redécoré avec du liège et un petit store vénitien. Il faut aussi prendre soin de l'arrière-plan, recommande le décorateur américain Jonathan Adler : pourquoi pas s'inventer un coin Zoom, dans une cuisine, devant une garde-robe ou un bar ailleurs en tout cas que devant la sempiternelle (fausse) bibliothèque, devenue le symbole de la visio-frime...

Anne-Lise Carlo, « La maison post-Covid : visite guidée »,
Le Monde, 18 janvier 2021

DOCUMENT 3

Gaston Bachelard est un philosophe français mort en 1962. Il s'intéresse à la philosophie des sciences, mais aussi à l'imagination et à la créativité. Dans cet essai, il aborde, par le prisme de la poésie, un certain nombre de nos espaces intimes. Il accorde une place importante à l'analyse de la maison, dévoilant comment notre habitation nous aide à générer des images, donc à déployer notre imaginaire

Dans ces conditions, si l'on nous demandait le bienfait le plus précieux de la maison, nous dirions : la maison abrite la rêverie, la maison protège le rêveur, la maison nous permet de rêver en paix. Il n'y a pas que les pensées et les expériences qui sanctionnent les valeurs humaines. À la rêverie appartiennent des valeurs qui marquent l'homme en sa profondeur. La rêverie a même un privilège d'autovalorisation. Elle jouit directement de son être. Alors, les lieux où l'on a vécu la rêverie se restituent d'eux-mêmes dans une nouvelle rêverie. C'est parce que les souvenirs des anciennes demeures sont revécus comme des rêveries que les demeures du passé sont en nous impérissables.

Notre but est maintenant clair : il nous faut montrer que la maison est une des plus grandes puissances d'intégration pour les pensées, les souvenirs et les rêves de l'homme. Dans cette intégration, le principe liant, c'est la rêverie. Le passé, le présent et l'avenir donnent à la maison des dynamismes différents, des dynamismes qui souvent interfèrent, parfois s'opposant, parfois s'excitant l'un l'autre. La maison, dans la vie de l'homme, évince des contingences, elle multiplie ses conseils de continuité. Sans elle, l'homme serait un être dispersé. Elle maintient l'homme à travers les orages du ciel et les orages de la vie. Elle est corps et aime. Elle est le premier monde de l'être humain. Avant d'être « jeté au monde » comme le professent les métaphysiques rapides, l'homme est déposé dans le berceau de la maison. Et toujours, en nos rêveries, la maison est un grand berceau. Une métaphysique concrète ne peut laisser de côté ce fait, ce simple fait, d'autant que ce fait est une valeur, une grande valeur à laquelle nous revenons dans nos rêveries. L'être est tout de suite une valeur. La vie commence bien, elle commence enfermée, protégée, toute tiède dans le giron de la maison.

Gaston Bachelard, *La poétique de l'espace*, PUF, 2020

DOCUMENT 4

Jules Supervielle est un poète franco-uruguayen mort en 1960. Ce poème nous montre les forces de l'intériorité, de l'imagination qui nous permettent par exemple, à l'abri dans nos murs, de faire accourir des cavaliers !

Tout ce qui fait les bois, les rivières ou l'air
A place entre ces murs qui croient fermer ma chambre.
Accourez, cavaliers qui traversez les mers,
Je n'ai qu'un toit de ciel, vous aurez de la place.

Vous entrerez ici sans la moindre mouillure.
Avez-vous traversé les siècles ou les mers ?
Et nous nous parlerons dans une langue sûre
Qui n'est ni le français ni langue d'outremer.

Venez-vous de si loin ou bien de mon désir ?
C'est ce que nous saurons lorsque vous entrerez,
Si vous venez de loin vous me regarderez,
Sinon, je ne verrai que de hautes paupières.

Jules Supervielle, *Les Amis inconnus*, Gallimard, 1934

DOCUMENT 5

Dans ce passage, le narrateur décrit avec subtilité comment, à son réveil, alors que ses yeux sont encore fermés, la perception de sa chambre lui vient progressivement. Chaque élément de la pièce se met en place, avec des erreurs d'orientation tout d'abord, puis d'une façon de plus en plus précise.

Certes quand approchait le matin, il y avait bien longtemps qu'était dissipée la brève incertitude de mon réveil. Je savais dans quelle chambre je me trouvais effectivement, je l'avais reconstruite autour de moi dans l'obscurité, et – soit en m'orientant par la seule mémoire, soit en m'aidant, comme indication, d'une faible lueur aperçue, au pied de laquelle je plaçais les rideaux de la croisée – je l'avais reconstruite tout entière et meublée comme un architecte et un tapissier qui gardent leur ouverture primitive aux fenêtres et aux portes, j'avais reposé les glaces et remis la commode à sa place habituelle. Mais à peine le jour – et non plus le reflet d'une dernière braise sur une tringle de cuivre que j'avais pris pour lui – traçait-il dans l'obscurité, et comme à la craie, sa première raie blanche et rectificative, que la fenêtre avec ses rideaux, quittait le cadre de la porte où je l'avais située par erreur, tandis que pour lui faire place, le bureau que ma mémoire avait maladroitement installé là se sauvait à toute vitesse, poussant devant lui la cheminée et écartant le mur mitoyen du couloir ; une courette régnait à l'endroit où il y a un instant encore s'étendait le cabinet de toilette, et la demeure que j'avais rebâtie dans les ténèbres était allée rejoindre les demeures entrevues dans le tourbillon du réveil, mise en fuite par ce pâle signe qu'avait tracé au-dessus des rideaux le doigt levé du jour.

Marcel Proust, *Du côté de chez Swann*, Folio Classique, 1913

DOCUMENT 6

Yoanna Sultan R'bibo est journaliste indépendante. Elle travaille notamment pour le journal Le Monde. *Elle s'intéresse ici aux ressorts psychologiques de la construction de cabanes par les enfants.*

Un virus qui rôde, plus d'école, plus de copains avec qui jouer, des parents omniprésents… pour faire face à ce nouvel environnement, certains enfants se construisent des refuges intérieurs. Autant de miniconfinements apaisants.

Une heure que Lou, 8 ans, s'affaire dans l'appartement. Elle a tiré son matelas jusque dans le couloir, calé un toit avec une couverture coincée entre les portes et avec des pinces à linge, installé un coin bibliothèque, un garde-manger et une guirlande lumineuse pour « voir dans le noir ». Le même soir, le premier du confinement, Gaspard, 10 ans, a piqué discrètement les chaises du bar, tiré des plaids du haut de son armoire jusqu'aux sièges, et calé les bouts avec des livres. C'est là qu'il a décidé de dormir depuis, entre les coussins et les paquets de gâteaux.

« Ma cabane est une source de vie, il peut y avoir des animaux qui attendent d'être emportés dans les bras des enfants, comme une licorne blessée, ou une sorcière qui attend d'être aimée. » Juliette, 8 ans

Les enfants sont nombreux à avoir eu le réflexe « cabane », dès le lundi 16 mars. Pour y passer la nuit ou simplement du temps pendant la journée. Pour Perrine Saada, psychologue clinicienne et psychothérapeute, « l'enfant crée ainsi une sorte de miniconfinement dans le confinement. Mais celui-ci est choisi, et c'est lui qui en définit les modalités : qui rentre dans la cabane, quand, à quoi on joue, de quoi on parle ».

Plus d'école, plus de cantoche, plus de copains avec qui jouer, plus de fêtes d'anniversaire le week-end… et des parents angoissés qui au mieux télétravaillent dans le salon, et au pire partent bosser à l'extérieur, là où le danger coronavirus guette. Face à cette perte de repères, de rythme, de cadre, les enfants ont besoin de combler le vide. « Et la construction d'une cabane y répond, car elle leur permet de se réapproprier le réel. » Tout en laissant la place à des jeux imaginaires.

Un imaginaire féerique, qui les entraîne loin du réel. « Ma cabane est une source de vie, raconte Juliette, 8 ans et déjà poétesse ; il peut y avoir un repas somptueux, des animaux qui attendent d'être emportés dans les bras des enfants, comme une licorne blessée, ou une sorcière qui attend d'être aimée. » Ou qui exprime différemment l'angoisse générée par l'épidémie et le confinement. Paul, 7 ans et demi, a ainsi transformé le canapé du salon en bunker antiatomique… ambiance guerre des étoiles. « C'est pour se protéger de l'attaque des clones… Et le petit trou que j'ai laissé, là, c'est pour qu'on puisse leur tirer dessus », explique-t-il en redisposant méticuleusement les coussins rigides pour créer des murs et un toit.

« C'est une démarche très saine, la construction d'une cabane ! Car l'enfant est pleinement actif, contrairement aux écrans qui le rendent passif », remarque Perrine Saada. Alors que tout le reste de la situation lui échappe, qu'il se sent impuissant, il reprend le pouvoir en construisant. « La cabane répond alors à ce besoin de liberté, de sentir, d'imaginer, d'être et d'avoir. » Il gagne en autonomie, puisque souvent, il veut la faire « seul », sa cabane. « Et le processus de construction est aussi important que le sentiment de satisfaction ressenti quand la cabane est finie », poursuit la psychologue clinicienne. Lou a tenu à ce que la photo de sa cabane soit postée « tout de suite » sur le Whatsapp familial. Puis en a fait un dessin afin de « garder un souvenir pour après ».

Des éponges émotionnelles

Dans la cabane façon « tente bédouine » de Sarah, 5 ans et demi, il y a des livres, des poupées, des bijoux, façon butin, en vrac, comme dans la grotte d'Ali Baba. Et elle exige une porte, en l'occurrence un rideau. Depuis le 16 mars, finalement, elle y joue peu, mais refuse absolument qu'on la détruise. Elias, 4 ans, dort depuis trois jours dans « une cabane cachette », sous son petit bureau.

Car évidemment, la cabane est aussi un refuge, un abri, qui devient « un espace sécurisant, intime, qui va apaiser psychologiquement l'enfant », poursuit Perrine Saada. Car même si on les protège autant qu'on peut, les enfants sont des éponges émotionnelles. Qui sentent l'inquiétude des parents, l'angoisse de l'incertitude, ne serait-ce que par une expression sur le visage, une attitude différente, des tensions dans la voix. « La cabane représente la sécurité affective qui lui manque alors qu'il ne sent pas son parent stable émotionnellement – et qui le serait face à cette situation ? », souligne la psychologue clinicienne.

Tous les soirs, dans son lit devenu cabane, Chloé, 6 ans, s'entoure plus que jamais de coussins, de doudous, de grosses couettes, pour recréer un cocon. « D'un point de vue symbolique et psychanalytique, la cabane représente l'enveloppe originelle, maternelle, rassurante, contenante », analyse Perrine Saada. Comme si les cloisons de la cabane, aussi fragiles soient-elles, pouvaient protéger contre le virus et la maladie.

Faudra-t-il les laisser retourner les coussins du canapé, squatter les couloirs, vivre ou dormir sur des plaids poussiéreux à même le sol pendant plusieurs semaines ? « Si la cabane leur fait du bien, dans cette situation exceptionnelle, alors il faut les laisser se l'approprier… » Comme l'écrit le neuropsychiatre Boris Cyrulnik, « un enfant heureux, c'est un enfant qui est à la fois sécurisé et dynamisé ». Doit-on, par conséquent, pousser les enfants qui n'en ont pas l'idée à se construire ce petit refuge ? « On peut leur proposer, si c'est un jeu qu'ils n'ont pas l'habitude de mettre en œuvre. Mais il faut être attentif à leur réponse », conseille Perrine Saada. Et surtout veiller à ce que les angoisses de confinement ne les poussent pas à un repli sur soi absolu.

« En construisant des cabanes, l'enfant devient son propre prescripteur de bonheur », conclut la psychologue. Là où l'adulte lutte avec ses angoisses et essaye par tous les moyens, du jogging à la méditation, d'atteindre la fameuse pleine conscience, l'enfant y arrive souvent spontanément. D'ailleurs, Juliette, 8 ans, ne s'y est pas trompée : « La cabane, ce n'est pas pour les parents. Ils gâcheraient l'ambiance, ils sont trop sérieux. » Alors, à vous de jouer ?

Yoanna Sultan R'bibo, *Le Monde*, 26 mars 2020

DOCUMENT 7

Thomas More est un philosophe anglais de la Renaissance (XVIe siècle). Il occupa des fonctions politiques, notamment celle de chancelier, auprès du roi Henri VIII. Dans cet ouvrage, il présente un pays idéal, l'Utopie, où les citoyens sont proclamés libres et égaux mais où tout est régulé et uniforme au point de confiner à un totalitarisme. Il apparaît difficile de trancher si l'auteur a vraiment voulu jeter les bases d'une société idéale, s'il a simplement esquissé quelques principes qui pourraient nous inspirer pour une telle cité ou si parfois même, il ne décrit pas simplement un contre-modèle. En tout cas, l'objectif de Thomas Moore est atteint : nous faire réfléchir sur l'organisation de notre société dans l'objectif de l'améliorer.

« Qui connaît cette ville les connaît toutes, car toutes sont exactement semblables, autant que la nature du lieu le permet. Je pourrais donc vous décrire indifféremment la première venue ; mais je choisirai de préférence la ville d'Amaurote, parce qu'elle est le siège du gouvernement et du sénat, ce qui lui donne la prééminence sur toutes les autres. En outre, c'est la ville que je connais le mieux, puisque je l'ai habitée cinq années entières.

« Amaurote se déroule en pente douce sur le versant d'une colline. Sa forme est presque un carré. Sa largeur commence un peu au-dessous du sommet de la colline, se prolonge deux mille pas environ sur les bords du fleuve Anydre et augmente à mesure que l'on côtoie ce fleuve.

« La source de l'Anydre est peu abondante ; elle est située à quatre-vingts milles au-dessus d'Amaurote. Ce faible courant se grossit, dans sa marche, de la rencontre de plusieurs rivières, parmi lesquelles on en distingue deux de moyenne grandeur. Arrivé devant Amaurote, l'Anydre a cinq cents pas de large. À partir de là, il va toujours en s'élargissant et se jette à la mer, après avoir parcouru une longueur de soixante milles.

« Dans tout l'espace compris entre la ville et la mer, et quelques milles au-dessus de la ville, le flux et le reflux, qui durent six heures par jour, modifient singulièrement le cours du fleuve. À la marée montante, l'océan remplit de ses flots le lit de l'Anydre sur une longueur de trente milles, et le refoule vers sa source. Alors, le flot salé communique son amertume au fleuve ; mais celui-ci se purifie peu à peu, apporte à la ville une eau douce et potable, et la ramène sans altération jusque près de son embouchure, quand la marée descend. Les deux rives de l'Anydre sont mises en rapport au moyen d'un pont de pierre, construit en arcades merveilleusement voûtées. Ce pont se trouve à l'extrémité de la ville la plus éloignée de la mer, afin que les navires puissent aborder à tous les points de la rade.

« Une autre rivière, petite, il est vrai, mais belle et tranquille, coule aussi dans l'enceinte d'Amaurote. Cette rivière jaillit à peu de distance de la ville, sur la montagne où celle-ci est placée, et, après l'avoir traversée par le milieu, elle vient marier ses eaux à celles de l'Anydre. Les Amaurotains en ont entouré la source de fortifications qui la joignent aux faubourgs. Ainsi, en cas de siège, l'ennemi ne pourrait ni empoisonner la rivière, ni en arrêter ou détourner le cours. Du point le plus élevé, se ramifient en tous sens des tuyaux de briques, qui conduisent l'eau dans les bas quartiers de la ville. Là où ce moyen est impraticable, de vastes citernes recueillent les eaux pluviales, pour les divers usages des habitants.

« Une ceinture de murailles hautes et larges enferme la ville, et, à des distances très rapprochées, s'élèvent des tours et des forts. Les remparts, sur trois côtés, sont entourés de fossés toujours à sec, mais larges et profonds, embarrassés de haies et de buissons. Le quatrième côté a pour fossé le fleuve lui-même.

« Les rues et les places sont convenablement disposées, soit pour le transport, soit pour abriter contre le vent. Les édifices sont bâtis confortablement ; ils brillent d'élégance et de propreté, et forment deux rangs continus, suivant toute la longueur des rues, dont la largeur est de vingt pieds.

« Derrière et entre les maisons se trouvent de vastes jardins. Chaque maison a une porte sur la rue et une porte sur le jardin. Ces deux portes s'ouvrent aisément d'un léger coup de main, et laissent entrer le premier venu.

« Les Utopiens appliquent en ceci le principe de la possession commune. Pour anéantir jusqu'à l'idée de la propriété individuelle et absolue, ils changent de maison tous les dix ans, et tirent au sort celle qui doit leur tomber en partage.

Thomas More, « Des villes d'utopie et particulièrement de la ville d'Amaurote », *L'Utopie*, 1516

DOCUMENT 8

Olivier Bras est journaliste. Il a travaillé pour de nombreux médias : Libération, France 24, Courrier International… *Il présente dans cet article une expérience conduite en janvier 2000 par Daniella Tobar au Chili, consistant à évoluer pendant deux semaines dans une maison intégralement transparente (même la douche !) Il est intéressant de constater que ce phénomène est un signe annonciateur des programmes de téléréalité du type « Loft Story » qui ont défrayé la chronique dans de nombreux pays, les années suivantes.*

Les marches de l'église des Augustines offrent le meilleur point de vue. Agglutinés derrière les grilles, des dizaines de badauds regardent une petite construction en verre installée sur un terrain vague. Seuls un mur ajouré et une rue étroite les séparent de cette œuvre architecturale. Personne ne semble pourtant vraiment s'intéresser à ce concept novateur de maison transparente : la plupart des spectateurs guettent l'éventuelle présence de son unique occupante, une jeune actrice chilienne.

La douche plébiscitée. Daniella Tobar, qui participe au projet artistique « Nautilus », a emménagé voilà dix jours dans cette maison située en plein cœur de Santiago, à cent mètres à peine du palais présidentiel de La Moneda. C'est là qu'elle comptait vivre pendant une quinzaine de jours, partageant son quotidien avec les passants du centre-ville de la capitale. Mais sa première douche lui a été fatale. L'apparition de cette femme nue a provoqué un incroyable attroupement, plusieurs centaines de personnes s'étant réunies devant son « domicile » dans les heures qui ont suivi. Et beaucoup l'attendaient le lendemain, à l'heure de son réveil, dans l'espoir d'assister au même spectacle.

Ce phénomène de masse aurait pu être anecdotique s'il n'était venu perturber le déroulement de l'expérience artistique : Daniella Tobar a rapidement dû renoncer à sortir de sa maison de verre sans la protection de la police, des passants la poursuivant dans la rue. Elle s'est ensuite trouvée dans l'impossibilité de revenir dans cette habitation, des inconnus ayant saboté la serrure d'une des portes d'accès. La jeune actrice ne sait toujours pas aujourd'hui si elle va la réintégrer, vu l'agressivité de certains spectateurs…

Daniella sait désormais que la majeure partie du public espère uniquement l'apercevoir dans le plus simple appareil. Les médias locaux ont largement alimenté ce voyeurisme. Quatre grands quotidiens ont publié en première page, le même jour, une photo d'elle sous sa douche. Quant aux chaînes de télévision, elles ont maintenu pendant plusieurs jours des équipes de cameramen en permanence sur les lieux pour pouvoir capter ses moments les plus intimes. Une telle réaction n'était pas attendue par les auteurs de ce projet financé par un organisme public chargé de promouvoir la culture. « On ne pensait vraiment pas que les médias ne parleraient que de nudité et de sexe », explique ainsi Arturo Torres, architecte de 28 ans. « Il est pourtant intéressant d'aborder le concept de la maison individuelle, sorte d'idéal collectif au Chili, et de se pencher sur les limites entre vie privée et publique », ajoute-t-il.

Traces de la dictature. Le second objectif de cette installation urbaine a en revanche été complètement atteint puisqu'il s'agissait d'amorcer un débat sur la morale publique et la liberté d'expression artistique. Les trottoirs de la rue Moneda, ainsi que les studios de télévision ou de radio, se sont ainsi transformés en lieux de débats entre partisans et détracteurs de cette initiative. Une polémique qui devrait se poursuivre devant les tribunaux, la justice ayant accepté de recevoir une plainte pour outrage public aux bonnes mœurs déposée par un avocat chilien. À l'inverse, une poignée de parlementaires est venue apporter son soutien sur place et rappeler la nécessité pour le pays d'adopter une nouvelle législation en matière culturelle (lire ci-contre). « Je trouve toute cette polémique absolument fantastique car elle souligne le manque d'ouverture culturelle du Chili, explique ainsi Antonio Leal, député du Parti pour la démocratie. Cela est notamment dû à la dictature. Pendant des années, il était interdit de réfléchir. Et la peur du débat ou de la contradiction est encore bien présente, dans le domaine politique comme artistique. » Pour Antonio Leal, c'est également l'occasion de dénoncer la « double morale » qui existe dans ce pays. « Le divorce est par exemple toujours interdit, il représente un véritable tabou. Mais beaucoup de parlementaires opposés à une loi sur le divorce ont eux-mêmes déjà fait annuler leur mariage ». Sur les parois en verre de cette maison se reflètent ainsi certaines des contradictions et des lacunes de la société chilienne.

Olivier Bras, *Libération*, 3 février 2000

Étude 8

Se loger c'est bien, habiter c'est mieux !

« Mieux vaut un petit chez soi qu'un grand chez les autres », dit le proverbe, soulignant le bien-être dont on bénéficie quand on se sent véritablement « chez soi ». Mais à quelles conditions pouvons-nous nous sentir ainsi « chez nous » et en tirer satisfaction ? Disposer d'un logement, s'abriter entre quatre murs et un toit bien isolés ne suffit pas. Martin Heidegger est un philosophe qui a beaucoup réfléchi sur l'habitation. Pour lui, cette notion dépasse largement le bâtiment dans lequel nous vivons et elle rejaillit sur la question de l'être. Bien habiter suppose notamment une harmonie avec notre écosystème, nos traditions, nos valeurs. Hannah Arendt a également une vision très noble de l'habitation. Selon elle, habiter c'est « cet acte qui en dernier ressort trace la ligne qui sépare la consommation de l'usage » (*Condition de l'homme moderne*, paru en 1958). En effet, on ne « consomme » pas une habitation, on la vit et cela s'inscrit dans la durée. Le paradoxe est que pour habiter la Terre, nous avons adapté la nature à nos besoins mais nous sommes allés très loin dans cette adaptation, qui s'apparente aujourd'hui plutôt à une exploitation portant gravement préjudice à l'équilibre naturel, donc... à la « durée » de notre habitation. Signalons ici qu'étymologiquement, « écologie » signifie « discours sur l'habitation ». Enfin nous verrons que la maison relève d'un processus évolutif lié intrinsèquement à nos mutations sociales, familiales ou personnelles. Par exemple depuis les années 1990, les cuisines se font plus grandes, plus belles et elles sont souvent ouvertes sur le séjour, ce qui coïncide notamment... avec le fait que les hommes se soient massivement mis à cuisiner.

1 Être bien chez soi

- Beaucoup subissent des conditions professionnelles difficiles, confrontés à une activité répétitive ou à un rythme trop stressant, à des collègues qu'ils n'apprécient pas ou à un supérieur caractériel, endurant des trajets longs et fatigants sur des routes saturées ou dans des transports en commun bondés. Certains seront même stimulés par le travail dans l'urgence, la gestion d'une équipe difficile, le fait d'entreprendre sans avoir aucune certitude sur l'issue d'un pari. Cependant, s'il est un lieu où nous aspirons tous à être tranquilles et détendus, c'est bien dans notre habitation. L'expression « comme à la maison » sous-entend d'ailleurs qu'à cet endroit, nous avons vocation à être particulièrement bien. Nous attendons un certain confort afin de pouvoir lâcher prise, au moins en soirée et durant nos week-ends : nous lover dans un canapé ni trop ferme, ni trop mou, si possible en hiver sous la chaleur d'une cheminée ou d'un poêle et, chez plusieurs d'entre nous, en caressant notre chat ou notre chien – la présence d'un animal domestique contribue, en effet, pour beaucoup, à ce plaisir de la maison. « Home sweet home ! », s'exclament justement les Anglais **(▶ Doc. 1)**.

- Au-delà de se sentir bien, il s'agit de se sentir véritablement chez soi. En effet, la maison recèle une dimension identitaire, dans le cadre de laquelle les habitants auront besoin de certains objets et parfois de décorations particulières, selon leurs goûts et aspirations. Ainsi, les amoureux de la nature vivront mieux au milieu de nombreuses plantes, les fans aimeront avoir sous leurs yeux des posters de leurs artistes préférés, des chasseurs sont fiers d'exposer les têtes empaillées d'animaux qu'ils ont eux-mêmes traqués et tués (les trophées de chasse). Certains se sentent mieux chez eux entourés de leurs livres. Cela les conforte de vivre au milieu de ces milliers d'histoires qui les ont bercés, de ces centaines de réflexions approfondies qui leur ont permis de mieux comprendre les hommes et le monde. Les ouvrages qu'ils n'ont pas encore lus sont comme une promesse de plaisir et, peut-être aussi, une consolation face à tout ce qu'ils ignorent encore : le potentiel de culture et de savoir est là, à portée de main. Souvent, une bibliothèque couvre un mur, voire plusieurs, ce qui tend à donner l'impression qu'on *habite* la littérature **(▶ Doc. 2)**. Même dans le dépouillement, nous disons encore quelque chose de nous ; ainsi le philosophe antique Diogène, en choisissant de vivre dans une jarre (sorte de grand vase en terre cuite) exprime sa personnalité : simplicité, rejet des conventions, esprit de liberté.

- Le statut de locataire ou de propriétaire influe également sur notre perception de notre habitation. Certains se sentent plus libres en tant que locataires. Ils préfèrent cette situation leur assurant une plus grande mobilité : un préavis de trois mois (au maximum) suffit pour pouvoir quitter les lieux. En cas d'opportunité professionnelle dans une autre région, ils gardent une plus grande flexibilité. De plus, si un voisin se révèle insupportable, si une éolienne est construite à proximité, il est plus aisé de partir. Les adeptes de la location sont aussi soulagés de ne pas avoir à gérer trop de tâches administratives, notamment dans les immeubles avec les réunions de copropriétés. Ils choisissent enfin de payer moins d'impôts et de ne pas avoir à financer les gros travaux (toiture, ravalement de façades). D'autres personnes ont besoin de devenir propriétaires pour se sentir véritablement chez elles. Elles veulent pouvoir décider des travaux comme elles l'entendent et voient aussi leur habitation comme un capital qu'elles se constituent. À noter que selon les âges et les situations de vie, certains choisissent de basculer d'un statut à l'autre.

2 Habiter selon Heidegger

- Pour le philosophe Heidegger l'habitation va bien au-delà des limites d'un bâtiment, du jardin qui l'entoure et même de son écosystème. Elle concerne surtout notre façon d'être au monde. Afin de pouvoir vivre *authentiquement* (conformément à ce qui est juste et vrai), nous avons à habiter notre environnement naturel, nos valeurs, notre culture, notre langue, nos principes, notre spiritualité. Aussi, la définition donnée à l'habitation par Heidegger est-elle très vaste : « La manière dont tu es et dont je suis, la manière dont nous autres sommes sur la terre est l'habitation ». Le philosophe a développé le terme de *Quadriparti* qui synthétise la réalité qui nous précède et dans laquelle nous avons simplement à nous inscrire pour développer notre propre être : entre la terre, le ciel, le divin et nous.

- L'architecture inspirée de la philosophie heideggérienne doit bien s'inscrire dans notre quartier, dans notre région et même dans l'écosystème. Il s'agit d'opérer un retour à l'architecture vernaculaire, qui utilise les matériaux des environs conformément aux traditions locales. On respectera les habitudes régionales qui sont nées de plusieurs siècles d'expérience. Rien n'est plus éloigné de l'habitation inspirée par Heidegger que les maisons modèles conçues par certains architectes sans tenir compte des réalités locales et culturelles, reproduites à l'identique d'une région à l'autre. Il ressort aussi de la conception heideggérienne une grande exigence écologique : l'environnement doit être respecté non pas simplement car il serait « l'écrin » de nos maisons mais parce qu'il *participe* de notre habitation. Le philosophe prend l'exemple des vieilles maisons dans la Forêt Noire en Allemagne, placées sur le versant montagneux le plus à l'abri du vent, exposées au midi et profitant d'une forme de toiture idéale : une inclinaison optimale pour porter les grosses épaisseurs de neige et un débord avancé qui descend très bas pour protéger les murs et les seuils de portes durant les hivers rigoureux. À l'intérieur, tout a également été, à travers les siècles, pensé en profondeur. Par exemple, un espace religieux, derrière la table, permet de s'inscrire dans la tradition spirituelle locale.

- À noter que dans toutes les civilisations, des hommes ont traditionnellement respecté ces principes. Certaines tribus africaines construisent leurs huttes en tenant compte des forces animistes, au niveau de leur orientation et de leur forme. Imposer à ces populations de vivre dans des maisons à l'occidental conduirait à les acculturer en profondeur. De même, en Chine, dans le cadre du Feng Shui, on tient compte des énergies subtiles pour bâtir la maison d'une manière favorable à ses occupants, conformément à la tradition. Plus proche de nous, un architecte comme Peter Zumthor s'efforce de tenir compte des principes heideggériens, construisant par exemple des maisons à la montagne qui s'inspirent des chalets traditionnels tout en permettant de profiter du paysage grâce à de vastes fenêtres (▶ **Doc. 3**).

- Pour Heidegger, l'habitat n'est pas tant la *conséquence* de notre pensée et de notre travail, il en est plutôt la *cause* (▶ **Doc. 4**). En effet, le philosophe a développé un concept que l'on appelle, en allemand, le *Dasein*, ce qui signifie « être là », soit notre réalité d'être humain qui a conscience d'exister, d'habiter son environnement. Ainsi, pour lui, habiter se rapporte avant tout à l'*être*. Nous sommes portés par un appel à *être* au monde. Ce n'est pas parce que j'ai bien pensé théoriquement mes plans que je vais bien habiter, mais c'est plutôt que si j'habite bien le monde (respect de l'écologie, des autres, des traditions régionales, de la spiritualité locale – sans dogmatisme religieux) que je vais être en mesure de bien penser et de bien bâtir (au sens concret : construire ma maison mais aussi au sens figuré : sculpter ma vie).

3 L'habitation : un processus évolutif

- Une habitation n'est pas terminée à la fin des travaux de construction. Elle est le résultat d'un long processus, comprenant plusieurs étapes. L'architecte esquisse sa vision de la maison, puis il affine son projet en traçant les plans précis. Parfois, le conducteur de travaux s'aperçoit que certains points ont été oubliés ou que d'autres ne sont pas réalisables ; il propose alors des ajustements. Une fois la construction terminée, les nouveaux propriétaires (ou locataires) vont meubler l'habitation, la décorer conformément à leurs besoins, leur mode de vie, leur identité, leur goût. Parfois, des réflexions peuvent même avoir lieu sur l'attribution de certaines pièces : quel sera l'usage précis de tel espace, qui va dormir dans cette chambre, etc. L'architecte Sophie Delhay a d'ailleurs dessiné un immeuble, à Dijon, dans lequel les pièces n'ont pas d'attribution *a priori*. Elles ont toutes la même surface et peuvent être connectées aux autres ou fermées par un système de grandes portes coulissantes. Les plans autorisent de nombreuses configurations possibles. On pourra ouvrir facilement deux pièces, par exemple la chambre d'un enfant et le séjour à l'heure du goûter. Il est aussi facile d'isoler une pièce si l'on veut travailler tranquillement. Souvent, au long des années, nous décidons de travaux pour rénover ou agrandir notre habitation. Être bricoleur permet de modeler sa propre maison et, en un sens, de se l'approprier davantage. Que l'on opère soi-même les transformations ou qu'on les fasse faire par une entreprise, on peut changer en profondeur la structure de son appartement ou de sa maison. Il est possible, par exemple, d'abattre des cloisons pour agrandir la pièce à vivre ou d'en ajouter pour donner naissance à une nouvelle chambre. « L'habitant est acteur de sa propre maison », affirme ainsi Perla Serfaty, psychosociologue et auteur de *Chez soi, les territoires de l'intimité*.

◗ C'est notamment aux grandes étapes de notre vie que notre logement doit s'adapter. Un jeune qui a terminé ses études et trouvé un emploi a vocation à quitter le foyer familial pour adopter son propre chez-lui. S'il tarde trop, un film d'Étienne Chatillez (sorti en 2001) a consacré l'appellation de « Tanguy » pour le désigner, non sans une certaine ironie. Souvent, un appartement en centre-ville ou en banlieue correspond au début de la vie active. La fondation d'une famille et l'arrivée d'enfants conduisent fréquemment à opter pour une habitation plus vaste. De même, chez les familles recomposées, on cherchera à avoir un logement pour chaque enfant des deux membres du couple. Des évolutions sont à prévoir enfin avec le vieillissement : adaptation des logements (monte-escalier, barres de maintien) ou achat d'une maison de plain-pied. Certaines personnes âgées choisissent de vivre ensemble dans des villages de retraités (**▶ Doc. 5**). Dans le film *Et si on vivait tous ensemble ?* de Stéphane Robelin, un groupe d'amis sont décidés à faire de la résistance face à leurs enfants qui envisagent pour eux la maison de retraite et ils décident d'emménager ensemble dans une vaste maison pour y vivre leur grand âge.

◗ Une nouvelle maison peut aussi correspondre à nos humeurs, à nos aspirations profondes. Certains se sont aperçus, par exemple, durant les confinements, que la verdure leur manquait cruellement, ce qui explique, depuis, un tassement des prix immobiliers en centre-ville et un regain de la demande à la campagne. Une maison peut même nous aider à devenir nous-mêmes. Dans son roman *Villa Amalia,* Pascal Quignard met en scène Ann, une grande musicienne qui a beaucoup souffert durant son enfance et continue d'être malheureuse avec un mari infidèle. Elle décide de tout quitter : son métier, son compagnon, son habitation et même son ancienne identité, et c'est un coup de foudre pour une maison dans une île d'Italie du Sud qui va lui permettre de se reconstruire (**▶ Doc. 6**).

◗ Quand nous emménageons, un certain temps apparaît nécessaire avant de nous sentir véritablement chez nous. Pour parvenir à une douce impression de familiarité, il nous faudra nous être beaucoup déplacés à travers les pièces et les couloirs, avoir mangé quelques fois, s'être régulièrement douchés et avoir dormi plusieurs nuits. Une maison se vit avant de se laisser adopter. À un moment, nous pouvons même nous déplacer la nuit après une panne d'électricité : nous avons mentalisé la maison ; Nous savons où se trouve chaque mur, chaque obstacle, chaque meuble ; Le matin, nous faisons notre trajet vers la cuisine, puis vers la salle de bains en pensant à autre chose. C'est aussi cette familiarité qui fait que nous nous sentons chez nous. À ce titre, il arrive fréquemment que nous ressentions une petite déception à l'instant d'un emménagement, qui se dissipe quand nous sommes accoutumés aux lieux.

DOCUMENT 1

Mayas Lebas est journaliste pour Le Figaro *et auteure. Elle s'intéresse ici aux évolutions actuelles de la maison.* Fini la maison refuge, cocon protecteur contre les agressions extérieures. Les Français plébiscitent un lieu de vie ouvert sur le monde, qui favorise les relations familiales et amicales tout en préservant l'intimité de chacun.

Lieu d'ancrage et de lien familial, de ressourcement et d'ouverture, la maison est l'objet de toutes les attentions. 63 % des Français la considèrent comme un facteur déterminant dans la quête du bonheur individuel, juste après la famille, mais devant le travail et les loisirs[1]. L'observateur Cetelem analyse ainsi cette évolution : « Face à la complexité croissante des sociétés occidentales et à l'enraiement de leurs économies, l'individu chercherait, dans le retour vers un foyer reconstitué et quelque peu idéalisé, les repères que les grands systèmes sociaux (religieux, engagement politique, voire travail) ne sont plus à même de lui fournir. » Restait à comprendre comment nos compatriotes rêvaient leur habitat en ce début du XXIe siècle.

À la demande du constructeur Maisons d'en France[2], le sociologue Guillaume Erner s'est penché sur la question. « J'ai voulu décrire une maison réaliste, même si dans les faits, les désirs se heurtent au manque de place : les logements actuels mesurent en moyenne 90 m^2. » Premier constat, 82 % des Français souhaitent devenir propriétaires, quitte à s'endetter à vie. Une aspiration encore renforcée par le sentiment d'insécurité lié au chômage et à la précarité. Déjà, 56,7 % sont passés à l'acte (contre 50 % en 1970). Par ailleurs, l'époque du domicile lieu de repli est révolue. Il s'ouvre aux autres – les Français reçoivent de plus en plus – et au monde entier par le biais des moyens de communication modernes (téléphone, Internet, satellite...).

Pour satisfaire ces différentes fonctions, le logement idéal prévoit de favoriser les contacts entre les membres de la famille tout en respectant leur soif d'intimité. La distance est de rigueur. Familles recomposées, jeunes qui s'attardent chez leurs parents, les modes de vie ont évolué. L'habitation rêvée entend séparer l'espace des adultes, qui souhaitent un univers bien à eux, de celui des enfants. Elle accorde aussi une place plus importante à la salle de bains, dans laquelle on passe davantage de temps pour se ressourcer – injonction à l'épanouissement personnel oblige.

---

1. « Les Français et leur maison, la maison abrite nos styles de vie et nos modes de consommation ». Enquête réalisée par l'Observateur Cetelem en 2002.

2. « À la découverte de la maison relationnelle », étude réalisée par Guillaume Erner, maître de conférence en sociologie à Sciences Po Paris pour le constructeur Maisons d'en France, mars 2005.

Plaçant cette aspiration au cœur de leur vie, les individus d'aujourd'hui qui, selon l'expression du sociologue François de Singly souhaitent être « libres ensemble »[3], revendiquent aussi le droit de jouir de leurs activités préférées sans empiéter sur le territoire des autres.

Ainsi, selon le sociologue Guillaume Erner, Monsieur souhaite un garage, un séjour vaste et accéder aux dernières technologies. Madame aimerait une cuisine spacieuse, une pièce lingerie et des rangements. Aucun ne transige sur la notion de confort, et tous deux partagent le désir de vivre dans un lieu « sain(t) ».

L'absence d'amiante, la qualité de l'eau et l'environnement ont leur importance. La bonne circulation de l'air et la luminosité sont, elles aussi, des revendications absolues. Du coup, les baies vitrées se multiplient. Car si le logement s'ouvre, il continue d'être investi d'un rôle protecteur. L'isolation phonique arrive en tête des demandes anti-nuisances.

Autre phénomène notable, des activités traditionnellement extérieures comme le travail ou le cinéma intègrent le domicile. Côté déco, les styles contemporain et rustique campagnard sont plébiscités, ponctués de souvenirs de voyages, de touches d'exotisme achetées au coin de la rue, de meubles et accessoires venus d'ailleurs. Mais l'envie d'évasion s'arrête là. En matière architecturale, elle se heurte à un besoin de racines, de terroir. La bastide provençale, la longère percheronne ou la fermette normande, dont les identités sont de mieux en mieux préservées par les pouvoirs publics, ont encore de beaux jours devant elles. « Plaisir, loisir, lien social et soif d'intimité, la maison rêvée est celle du temps libéré. Et participe aux aspirations hédonistes de nos contemporains », résume le sociologue. Visite guidée.

15 % des enfants cohabitent avec un adulte qui n'est pas leur parent. Et chômage, précarité ou prolongement de la durée des études retardent leur envol du nid familial. Du coup, les couples rêvent d'un espace isolé et éloigné de celui de leur progéniture. La psychanalyse n'est pas non plus étrangère à cette prise de distance. Elle a fait prendre conscience du besoin de doter chaque membre de la famille – ou tout du moins chaque entité parents/enfants – d'une intimité propre. On sent poindre en effet une remise en question de la chambre séparée pour les frères et sœurs, au profit d'une pièce commune pour dormir et d'une salle de jeu.

Dans l'intention de ne pas empiéter sur le territoire de l'autre, 59 % des Français choisiraient volontiers deux petites salles de bains plutôt qu'une grande. De même, disposer de deux toilettes constitue un minimum

---

3. *Libres ensemble : l'individualisme dans la vie commune* de François de Singly avec la collaboration de Claire-Anne Boukaïa, Anouk Brocard, Benoîte Decup-Pannier et al., Ed. Pocket.

pour une maison familiale. Et la présence d'un lave-mains, systématique en Allemagne, commence à devenir la norme. Dédoubler les pièces utilitaires a le mérite d'éviter les embouteillages, donc les disputes.

Les activités liées au corps relèvent désormais d'un « savoir-vivre ». Source de plaisir, la salle de bains devient donc une pièce à part entière, un espace de luxe qui rappelle le boudoir des siècles passés. Elle se décore et s'aménage. La coiffeuse à l'ancienne coexiste avec un fauteuil de lecture ou de conversation. Côté équipement, les Français continuent de préférer la douche à la baignoire, mais ils la veulent dotée d'un système balnéo. Et peuvent lui ajouter hammam, sauna ou vue sur les arbres, la salle de bains étant aussi une invitation à l'évasion.

Avec les nouvelles technologies, la maison devient un lieu de connexion et un espace de travail. Près de 60 % des foyers sont en effet équipés d'un ordinateur. Mais la famille se partage bien souvent une seule machine, qui doit être accessible à tous. Du coup, à défaut de disposer d'une pièce dédiée, le bureau sera placé au milieu du salon, plutôt que dans une chambre.

Barbecue, jeux en plein air, séances bronzage, jardinage ou bricolage, le jardin constitue une des principales motivations dans l'achat d'une maison individuelle. De taille réduite, il n'a pas vocation à incarner la nature, mais constitue une pièce supplémentaire. Les équipements en teck et la piscine constituent un must.

Canapé-lit, tiroirs à roulettes, tables pliantes ou cloisons mobiles équipent les pièces multifonctionnelles. La salle de bains peut accueillir un appareil de gym, et le garage abriter la voiture et l'atelier de bricolage. Dans l'optique d'une maison évolutive, il peut même se métamorphoser en studio pour l'aîné, tandis qu'au départ des enfants, leur chambre se transformera en bureau ou en salle de sport.

Mayas Lebas, « Le home sweet home », *Le Figaro*, 12 avril 2005

DOCUMENT 2

Lydia Flem est une écrivaine, psychanalyste et auteure belge née en 1952. Dans cet ouvrage, elle enquête sur les habitants de la rue Férou à Paris, redonnant vie à de nombreuses personnalités d'époques différentes, depuis le mousquetaire Atos au XVII*e siècle jusqu'à l'écrivaine Françoise Sagan, en passant par l'artiste Man Ray.*

Partout tes livres : maison-refuge, maison-voyage, maison-élan. Depuis toujours tu les classes, les déplaces, les reclasses. Combien d'heures sur un escabeau pour changer la disposition des planches de bibliothèque, rafraîchir l'ordre alphabétique, ajouter une nouvelle thématique. Classer ses livres, c'est les aimer davantage. Les livres de papier, on les lit de tout son corps. Ce ne sont ni des objets ni des personnages, mais des créatures hybrides, toujours prêtes à être dévorées ou seulement dégustées selon l'humeur. Dans le mot livre, il y a ivresse ; c'est l'alcool que je préfère. Pour me sentir chez moi, à la maison, il me faut un ami-amant avec qui parler dans une conversation ininterrompue, des livres, un chat, un bout de jardin avec des fleurs, des plantes, des oiseaux, les indispensables thé et chocolat et ... des livres.

Lydia Flem, *Paris fantasme*, Seuil, 2021

DOCUMENT 3

Peter Zumthor est un architecte suisse né en 1943. Inspiré par la philosophie d'Heidegger, il s'attache notamment à respecter en profondeur l'environnement naturel et humain dans lequel ses bâtiments sont construits.

Peter Zumthor, Leis, Vals – Suisse

DOCUMENT 4

Martin Heidegger est un philosophe allemand mort en 1976. Il s'intéressa notamment à la question de l'être. Il analysa ce qu'il appelle le Dasein *(être-là), soit la réalité humaine puisque nous sommes les seuls à pouvoir penser notre propre existence. Habiter, pour Heidegger, ne consiste pas simplement à se loger mais c'est une manière fondamentale d'être au monde en respectant ce qu'il appelle le* Quadriparti *: la terre, le ciel, les mortels et le divin. Honorer notre environnement naturel, humain et spirituel (écosystème, traditions…) est la condition d'une vie authentique, qui permettra de donner du sens à notre existence. Heidegger propose qu'au-delà même de nos maisons, nous* habitions *véritablement notre monde. Cette philosophie dépasse les problématiques de construction proprement dites, elle embarque notre façon d'être au monde tout entière, même si elle a inspiré, effectivement, des architectes.*

[…]

Bâtir est, dans son être, faire habiter. Réaliser l'être du bâtir, c'est édifier des lieux par l'assemblement de leurs espaces. C'est seulement quand nous pouvons habiter que nous pouvons bâtir. Pensons un instant à une demeure paysanne de la Forêt-Noire, qu'un « habiter » paysan bâtissait encore il y a deux cents ans. Ici, ce qui a dressé la maison, c'est la persistance sur place d'un (certain) pouvoir : celui de faire venir dans les choses la terre et le ciel, les divins et les mortels en leur simplicité. C'est ce pouvoir qui a placé la maison sur le versant de la montagne, à l'abri du vent et face au midi, entre les prairies et près de la source. Il lui a donné le toit de bardeaux à grande avancée, qui porte les charges de neige à l'inclinaison convenable et qui, descendant très bas, protège les pièces contre les tempêtes des longues nuits d'hiver. Il n'a pas oublié le « coin du Seigneur Dieu » derrière la table commune, il a « ménagé » dans les chambres les endroits sanctifiés, qui sont ceux de la naissance et de l'« arbre du mort » – ainsi là-bas se nomme le cercueil – et ainsi, pour les différents âges de la vie, il a préfiguré sous un même toit l'empreinte de leur passage à travers le temps. Un métier, lui-même né de l'« habiter » et qui se sert encore de ses outils et échafaudages comme de choses, a bâti la demeure.

46 C'est seulement quand nous pouvons habiter que nous pouvons construire. Si nous nous référons à la maison paysanne de la Forêt-Noire, nous ne voulons aucunement dire qu'il nous faille, et que l'on puisse, revenir à la construction de ces maisons, mais l'exemple montre d'une façon concrète, à propos d'un « habiter » qui a été (note 39), comment il savait construire.

47 Mais habiter est le trait fondamental de l'être (*Sein*) en conformité duquel les mortels sont. Peut-être, en essayant ainsi de réfléchir à l'habiter et au bâtir, mettons-nous un peu mieux en lumière que le bâtir fait partie de l'habiter et comment il reçoit de lui son être (*Wesen*).

[…]

Martin Heidegger, *Essais et conférences,*
« Bâtir Habiter Penser », Gallimard, 1951

DOCUMENT 5

Pascale Kremer est journaliste pour Le Monde. *Elle présente ici une alternative aux maisons de retraite rencontrant de plus en plus de succès : le béguinage. Il s'agit d'un l'habitat collectif entre personnes âgées, permettant tout à la fois un profond respect de l'intimité de chacun et une certaine coopération. Le béguinage encourage la bienveillance et la solidarité entre ses membres.*

Après les pavés, le béguinage. À 18 ans, Yves Rapin vivait Mai 68 à Paris. Alors, à 71 ans, ne lui parlez pas d'Ehpad. « Tout, mais pas ça ! » La moustache grise de l'ex-photographe de quartier en frémit. Depuis une bonne année, il loue avec sa femme l'un des seize appartements d'un immeuble frais bâti dans un écoquartier du nord de Tours (Indre-et-Loire). Immeuble bien particulier que cette Tourangelle, où l'on vieillit en béguinage, groupés et solidaires. « L'esprit communautaire, on y reprend goût, avec un peu moins d'utopies qu'en 1968 et beaucoup moins de substances ! », admet le retraité, chaussé pour la randonnée.

Béguinage ? Le mot évoque vaguement le tourisme en Belgique ou les cours d'histoire sur le Moyen Âge. Pas franchement un habitat alternatif pour personnes âgées. Pourtant, cette innovation qui permet d'échapper à la maison de retraite (le plus longtemps possible) gagne du terrain. Son principe est simple, inspiré des béguinages répandus dès le XIIIe siècle dans les Flandres et le nord de la France : pour se protéger, des femmes seules, laïques, occupaient des bâtisses mitoyennes autour d'un jardin, non loin d'une église. Version XXIe siècle : les chastes veuves et demoiselles sont remplacées par des seniors occupant des maisons ou appartements voisins mais indépendants dotés d'espaces intérieurs et extérieurs partagés, et d'un accompagnateur aux petits soins.

C'est le rôle de Laurent Loridant, à La Tourangelle. « Gardien-veilleur ». L'avenant quinquagénaire, passé par moult métiers, tient à la fois de MacGyver (pour le bricolage) et de Véronique Jannot (l'assistante sociale de la série Pause-Café). « Des cafés, j'en bois beaucoup, heureusement, j'aime ça », sourit l'ancien scout. Chaque matin, à l'entrée de l'immeuble, près du coin bibliothèque et du panneau où se partagent les bons tuyaux, son local technique tient lieu de QG autour duquel papillonnent les locataires en quête de mains habiles ou d'oreilles empathiques. Laurent écoute, discute, surveille l'ouverture des volets chez telle dame dont la santé vacille, débouche les éviers, règle tout appareil, réexpliquant patience héroïque ! – que, oui, pour entendre la sonnerie du smartphone, ce serait mieux de monter le volume.

Tous les quinze jours, Béatrice Baczkowski arrive en renfort. « Accompagnatrice » formée à la médiation, elle vient huiler les rouages de la petite communauté, aplanir les différends naissants, soutenir les initiatives collectives. Tous, ici, ont pensé puis signé une charte du vivre-ensemble, mais une petite réunion exutoire ne fait pas de mal. Rien de bien violent. Le partage de la « salle de convivialité », avec cuisine et coin canapé-télé-lecteur DVD, des ateliers mémoire ou gym douce (organisés par des associations extérieures), des parties de belote ou de Scrabble, du petit jardin et de la chambre d'hôte, semblent s'opérer sans crêpage de chignon gris. « C'est mon petit coin de paradis », « On ne peut pas rêver mieux ! », « Tous les matins, je me dis : qu'est-ce que je suis contente d'être là ! », témoignent les locataires, dans une unanimité quasi publicitaire.

Inaugurée au printemps 2019, La Tourangelle est l'œuvre de l'association Vivre en béguinage et de sa foncière, France Béguinages, elle-même alimentée par le fonds Finance et solidarité d'Amundi, dont les actionnaires ont le bon goût de ne pas espérer de rentabilité extravagante. Depuis 2014, le bailleur social privé a ouvert sept béguinages, d'abord pensés pour des chrétiens souhaitant patienter ensemble jusqu'au jour dernier, puis déconfessionnalisés comme ceux de Tours, donc, mais également de Mûrs-Erigné (Maine-et-Loire) et Paray-le-Monial (Saône-et-Loire). Deux autres ouvriront dans l'année (au Mans, à Agen), neuf supplémentaires à partir de 2022. Aboutissements d'un même processus participatif : plusieurs mois avant la remise des clés, des « béguinages hors les murs » réunissent les futurs voisins, qui s'apprivoisent et esquissent un projet de vie commun.

À mille longueurs de déambulateur de l'établissement médico-social, type Ehpad ou résidence autonomie, bien moins dispendieux (le deux-pièces se loue autour de 450 euros à la Tourangelle) que la résidence services privée, le béguinage, « c'est le chaînon manquant entre logement ordinaire et hébergement en institution », plaide-t-on chez le gestionnaire d'actifs Amundi. « Il combine autonomie et sécurisation de l'environnement. Il répond à ce besoin amplifié par le Covid-19 de plus d'échanges, d'entraide, d'attention à son voisin. » Christian Baiocco, président de l'association Vivre en béguinage, reçoit parfois des appels de dames en pleurs, lorsque démarre le processus de recrutement des locataires : « 80 % des occupants de nos béguinages sont seuls, des femmes pour la plupart, dont certaines ne voyaient personne pendant des semaines… Elles ont besoin de partager, de se regrouper pour lutter contre le fléau de notre époque : la solitude. »

Le veilleur de La Tourangelle ayant été contraint de quitter les lieux lors du premier confinement, les locataires ont pris soin les uns des autres, déposant ici une soupe sur le palier du malade, là quelques commissions du marché. Marie-Cécile, 86 ans, une ancienne directrice de crèche dont la gaieté semble contagieuse, a tout de suite eu l'idée de laisser des gâteaux devant les portes, sans laisser son nom, pour faire sortir et jaser. Puis elle a improvisé dans la « salle de convivialité » des ateliers couture de masques et de blouses d'infirmières, qui se sont taillé un beau succès. « On était tous dans le même chaudron, on s'est sentis entourés », dit-elle. « Oui, on s'est sentis un peu privilégiés », ajoute son voisin, Yves Rapin, qui pense avoir « traversé cette crise avec plus de douceur ».

À La Tourangelle, il goûte l'indépendance préservée, l'absence d'infantilisation, *La Nouvelle République* qui passe de main en main, occasion « de dire du mal des politiques et de refaire le monde sans le changer. Le « chacun-chez-soi », mais avec le souci de savoir si l'autre va bien. Tout en étant conscient que le béguinage n'a pas inventé l'eau chaude, mais « plutôt réinventé le voisinage d'avant la télé ».

Pascale Kremer, *Le Monde*, 12 avril 2021

DOCUMENT 6

Pascal Quignard est un écrivain français né en 1948. Dans ce roman, Ann qui ne supporte plus son existence (enfance douloureuse, vie maritale malheureuse) décide soudainement de tout quitter, sans plan précis pour son nouveau départ. Elle se retrouve au bord de la Méditerranée et tombe amoureuse de la maison d'une vieille dame, Amalia. Cette habitation, son nouvel environnement et quelques rencontres lui redonnent progressivement goût à la vie.

Elle aimait de façon passionnée, obsédée, la maison de Zia Amalia, la terrasse, la baie, la mer. Elle avait envie de disparaître dans ce qu'elle aimait. Il y a dans tout amour quelque chose qui fascine. Quelque chose de beaucoup plus ancien que ce qui peut être désigné par les mots que nous avons appris longtemps après que nous sommes nés. Mais ce n'était plus un homme qu'elle aimait ainsi. C'était une maison qui l'appelait à la rejoindre. C'était une paroi de montagne où elle cherchait à s'accrocher. C'était un recoin d'herbes, de lumière, de lave, de feu interne, où elle désirait vivre. Quelque chose, aussi intense qu'immédiat, l'accueillait à chaque fois qu'elle arrivait sur le surplomb de lave. C'était comme un être indéfinissable, euphorisant, dont on ne sait par quel biais on se voit reconnue par lui, rassurée, comprise, entendue, appréciée, soutenue, aimée.

Pascal Quignard, « *Villa Amalia* », Gallimard, 2006

Partie 2

Méthode et sujets

Itinéraire méthodologique pour la synthèse de documents

1 Pourquoi cette épreuve ?

Certains se demandent peut-être pourquoi imposer une telle épreuve littéraire dans un brevet de technicien. Cette question est importante car on sait que notre cerveau travaille beaucoup mieux quand il comprend le sens de ce qu'il fait.

Parmi les qualités autorisant la réussite professionnelle, la culture générale, la capacité à bien s'exprimer, les compétences de lecture sont essentielles, et ce quel que soit le domaine de votre BTS. La synthèse de documents est un exercice complet, conduisant à travailler tous ces aspects. En définitive, l'épreuve permettra de valoriser les candidats maîtrisant ces compétences et d'écarter les autres, pour que le BTS demeure un diplôme de niveau Bac + 2 exigeant, afin que celui qui le réussisse dispose d'un sésame crédible et que les recruteurs puissent savoir à quoi s'en tenir !

Tout d'abord, cette épreuve évalue donc votre capacité à lire et à comprendre des textes de réflexion, des extraits littéraire d'un bon niveau. La difficulté des écrits est en effet supérieure à celle du baccalauréat.

D'autre part – et c'est là le plus important concernant la synthèse – elle vérifie vos capacités d'analyse : vous allez devoir mémoriser ce qu'exprime un auteur pour, lisant le texte suivant, repérer les idées communes, bref *comparer* les documents entre eux. Il s'agira ensuite d'organiser ces idées dans un plan, donc de faire preuve d'esprit de synthèse.

Enfin, cette épreuve vous prépare à mieux vous exprimer. Savoir trouver le mot et le ton justes est l'une des clefs pour bien s'insérer dans une entreprise ou une administration, être en bons termes avec ses collègues, se faire apprécier de ses supérieurs hiérarchiques, convaincre un client, exposer clairement un problème et des pistes de solutions, participer à une réunion (et *a fortiori* pour la mener). Comme vous ne devez jamais citer les auteurs dans la synthèse, vous êtes tenu de reformuler les passages que vous évoquez : c'est donc, également, un excellent exercice de grammaire (car il vous faut manier les tournures de phrases), et un travail intéressant sur le vocabulaire (car vous devez sans cesse dénicher des synonymes).

2 Votre travail personnel

Pour bien réussir l'épreuve de culture générale, en quoi doit consister votre travail personnel ? Il s'agit tout d'abord de vous entraîner à la lecture de textes dont la qualité littéraire ou argumentative est reconnue. Cet exercice aura une triple utilité. Tout d'abord, cela vous préparera à décoder des textes pour la partie lecture, compréhension et analyse de votre travail. Par ailleurs, cela vous facilitera la rédaction en renforçant votre français. À force de lire, de vous confronter à des structures de phrases correctes grammaticalement et même esthétiques, vous en viendrez à imiter les auteurs avec profit. Votre vocabulaire s'enrichira, ainsi que votre orthographe (en multipliant la fréquentation des mots, on les retient mieux). Enfin, gageons que vous y trouverez du plaisir !

C'est pourquoi je vous recommande, que dis-je ? : je vous somme d'instaurer un temps de lecture *quotidien*. Chaque soir avant de vous endormir, tenez vous en à lire dix minutes minimum. Si vous êtes pris dans un passage qui vous plaît, vous avez le droit de lire davantage évidemment mais respectez scrupuleusement ce minimum de dix minutes. Il s'agit d'en faire une hygiène de vie, comme de se brosser les dents. J'insiste sur ce conseil car il n'y a vraiment rien de tel pour progresser en français. Lisez avec attention les extraits proposés dans la première partie de cet ouvrage. Vous pouvez aussi parcourir des livres parmi ceux qui sont recommandés par le jury (voir au tout début de ce manuel). N'hésitez pas à vous rendre dans les bibliothèques et les médiathèques ; la France est l'un des pays au monde où leur réseau est le plus dense, profitez-en ! En outre vous y rencontrerez souvent des professionnels passionnés qui vous formuleront des conseils de lecture avisés.

Vous devez, par ailleurs, bien assimiler la méthodologie de l'épreuve. C'est là l'objectif de cet itinéraire méthodologique. Comprenez bien comment se structure une synthèse et surtout quel est *l'esprit* de l'exercice.

Un athlète du 100 mètres qui se prépare pour les Jeux olympiques gagnera à faire de la musculation, à travailler sa respiration, à soigner son alimentation, à ménager des exercices d'assouplissement, à pratiquer la visualisation. Mais il sera aussi nécessaire qu'il fasse des cent mètres ! Ainsi le candidat à l'épreuve du BTS doit s'entraîner le plus régulièrement possible à faire des synthèses. Pour cela, la suite de ce manuel vous propose des entraînements. Ne vous jetez pas sur les corrigés ! Imposez-vous de vous exercer auparavant. Ce sont les allers-retours entre vos tentatives et les corrigés qui vous seront les plus profitables. Si vraiment vous ne vous sentez pas de vous lancer malgré la méthodologie qui suit, vous pouvez lire le premier corrigé mais pour les devoirs suivants, tenez-vous en à la méthode conseillée. Je me permets d'insister car la pratique est essentielle pour progresser : entrainez-vous.

3 Principes et modalités de l'épreuve

Vous allez recevoir un corpus (ce qui signifie un groupe de documents) composé le plus souvent de trois textes et d'un document iconographique. Vous devez composer un écrit qui synthétise les idées principales de ces documents *en les faisant communiquer entre elles*. Le travail sera structuré : il débutera par une introduction, se terminera par une conclusion et le développement sera organisé selon un plan cohérent.

Votre introduction pourra débuter par une amorce (proverbe, fait d'actualité…) permettant de lancer le sous-thème dont traite le corpus. Par exemple, si le corpus traite de la musique, le sous-thème pourra être l'impact de la musique sur le cerveau. Puis, vous pouvez présenter sommairement les documents (très rapidement, cette partie n'est d'ailleurs pas une obligation). Ensuite, vous précisez une problématique. Pas de panique, il s'agit simplement de trouver une question à laquelle les documents tendent à répondre. Par exemple : « comment la musique peut-elle modifier le fonctionnement du cerveau humain ? » Enfin, vous annoncez votre plan. Cela peut être fait d'une manière classique : « Nous verrons tout d'abord… » « Puis nous montrerons… » « Enfin nous nous demanderons si… »

Votre développement (c'est-à-dire le cœur du devoir, entre l'introduction et la conclusion) sera ensuite divisé en deux ou trois grandes parties. Vous pourrez, par exemple, faire une première partie pour constater l'ampleur d'un phénomène, puis une deuxième pour en étudier les causes, enfin une troisième pour préciser les conséquences (plan logique). Vous pouvez aussi opter pour un plan thématique, en déterminant vos parties selon deux ou trois grands thèmes présents dans les documents. Attention, le plan préféré des lycéens : « thèse, antithèse » (le plan dialectique) est rarement pertinent car il risque de vous conduire à séparer l'étude de chaque texte dans votre devoir alors que le but est de confronter les documents entre eux.

En effet, le plus important est de comprendre qu'aucune idée d'un des documents ne doit être présentée dans un paragraphe sans être mise en rapport avec une autre idée d'un autre document. Concrètement, vous ne devez jamais aller à la ligne si vous n'avez pas confronté au moins deux documents différents sur un point précis. Un candidat qui se contenterait d'exposer les idées du premier document, puis du deuxième, puis du troisième, enfin du quatrième verrait sa note approcher dangereusement de zéro. Le but de la synthèse est de *faire dialoguer les documents entre eux*.

Si vous avez suffisamment de « mariages » d'idées disponibles, vous pouvez couper vos parties en sous-parties. Par exemple, votre première partie sur le constat d'un phénomène peut être divisée en deux sous-parties : l'une dans laquelle vous voyez son ancrage historique et une autre dans laquelle vous étudiez son impact géographique. Attention, rappelons cette règle essentielle : aucun paragraphe ne doit porter que sur une idée présente dans un seul document. Donc, si vous n'avez qu'un seul « mariage » d'idées provenant de plusieurs documents différents pour votre partie, vous ne pouvez pas faire de sous-parties, restez-en à une partie d'un bloc.

Vous ménagerez une transition entre chaque grande partie, avec une phrase qui résume la partie précédente, puis une autre qui annonce le thème de la partie suivante.

Vous terminerez par une rapide conclusion. Résumez le cheminement de votre devoir : « Nous avons donc vu que... » Puis, si vous avez une idée pour cela, vous pouvez élargir un autre sujet. Ce passage n'est en rien obligatoire. C'est la cerise sur le gâteau mais encore faut-il qu'il y ait le gâteau ! Ne perdez pas trop de temps à chercher une idée si rien ne vous vient.

4 Le travail au brouillon

C'est la partie la plus importante de votre travail, c'est là que tout se joue. Si vous organisez bien votre brouillon, vous passerez à la rédaction sans stress car vous saurez précisément où aller et par où passer. Par ailleurs, un brouillon efficace vous permet de mettre de côté les textes pour ne plus avoir à y toucher.

Nous déconseillons une lecture préalable des textes sans écriture. On a l'impression d'aller vite mais on va « vide » : êtes-vous vraiment avancé pour ce qui est de croiser les idées entre les textes quand vous arrivez au dernier document ? Même si vous surlignez des passages, cela ne vous aidera guère.

Commencez donc sans tarder un résumé analytique écrit de chaque document. Reprenez, en les condensant, chacune des étapes des textes. Les paragraphes peuvent vous aider à repérer les articulations des arguments de l'auteur car ils indiquent souvent les grosses unités de sens du texte.

Dès cette étape, efforcez-vous de *reformuler* la pensée de l'auteur. En effet, quand vous évoquerez un document dans votre développement, il ne faudra jamais citer « mot pour mot » un auteur, il s'agira de redire autrement son idée. Trouvez des tournures de phrases différentes, faites jouer les synonymes. Si vous avez déjà reformulé à cette étape, vous serez plus détendu lors de la rédaction, vous pourrez alors soigner davantage la forme et moins vous occuper du fond. On vous a parfois reproché de faire de la paraphrase au lycée ? Tant mieux, vous avez les compétences requises car une partie de l'exercice consiste bien à faire de la paraphrase !

La deuxième partie du travail au brouillon est la plus fondamentale. Il s'agit d'élaborer un plan. Pour cela, il faut trouver des points communs entre des idées provenant d'au moins deux documents différents. Vous devez organiser des « mariages d'idées ». Par exemple, imaginons un corpus sur les effets de la musique sur le cerveau humain. Dans deux des documents, vous vous apercevez qu'un passage présente la musique comme pouvant encourager, parfois, des actes violents. Vous savez alors que vous pouvez rédiger un paragraphe sur ce sous-thème.

À vous de choisir une organisation qui vous convienne pour repérer ces accouplements d'idées : vous pouvez numéroter les idées dans vos résumés, ou utiliser des feutres sur votre brouillon pour les repérer.

5 La rédaction : « Plus qu'à résoudre »

Si le brouillon a été réalisé consciencieusement, vous ressentirez peu de stress dans cette étape. Commencez par l'introduction, en appliquant la recette énoncée plus haut, étape par étape.

Dans le développement, vos paragraphes débuteront, si possible, par un connecteur logique utilisé à propos : « tout d'abord » si c'est le premier paragraphe de la partie ; « De plus » ou « En outre » si le paragraphe est dans la continuité de ce qui a été dit auparavant ; « Cependant » ou « En revanche » si l'idée que vous allez apporter s'oppose à ce qui précède (évitez « Par contre » qui est assez familier) ; « Donc » si vous allez développer une conséquence de ce qui précède, etc.

Comment structurer vos paragraphes ? Vous pouvez commencer par annoncer clairement l'idée du paragraphe, soit le thème du « mariage » d'idées que vous allez développer, par exemple : « En outre il arrive que la musique puisse contribuer à motiver les humains à commettre des actes cruels envers autrui. » Ensuite, vous devez évoquer la manière particulière qu'a l'un des auteurs de se positionner sur ce thème : « Ainsi [tel auteur] nous explique que la musique ... [et vous reformulez son positionnement sur ce thème]. Puis, vous exposez comment un autre document du corpus aborde ce même thème : « De même [tel autre auteur] nous affirme que la musique [et vous présentez la nuance particulière que cet autre auteur développe sur le thème.]

Nous insistons sur ce point car il est source d'échecs fréquents à l'épreuve : dans le développement de votre synthèse, vous ne devez exprimer aucune idée personnelle. Tout doit provenir des documents.

À noter qu'un paragraphe peut porter sur une opposition entre deux documents sur un point précis. Votre première phrase annoncera alors que sur ce point, nous pouvons constater un débat entre les auteurs. Puis vous indiquerez (toujours en reformulant) la position précise de chaque auteur : « [Tel auteur] estime que... À l'opposé [tel autre auteur] soutient que... »

Pour introduire une idée, inutile de rappeler le titre de l'ouvrage dont elle provient ou le numéro du document. Utilisez plutôt le prénom et le nom de l'auteur : « A ce sujet, Victor Hugo affirme justement que [...] Boris Cyrulnik, lui, nous explique que... » Pour cela, je vous recommande de clairement indiquer, dans l'en-tête de chacun de vos résumés de documents sur le brouillon, le nom et le prénom de l'auteur : ainsi quand vous utiliserez une idée, vous saurez immédiatement à qui l'attribuer.

Évitez de répéter les mêmes verbes introducteurs de parole. Les correcteurs sont las des tournures telles que « Edgar Morin dit que... » Efforcez-vous de trouver des synonymes : « affirme que », « explique », « montre que »,

« précise », « déclare », « regrette que », « se réjouit de », « nous informe », « expose », « raconte », « nous avertit », « nous renseigne », « nous révèle », « exprime », « annonce », « nous avise », « nous apprend », « nous indique », « nous manifeste », « nous relate ».

Retenez quelques tournures de phrases bien pratiques qui peuvent vous faciliter les articulations entre les sous-parties de vos devoirs. Par exemple, pour annoncer la problématique : « C'est cette question de [précisez ici la visée pour laquelle vous optez] que nous nous proposons d'aborder à l'appui des documents de ce corpus ». Pour l'annonce du plan : « Nous verrons tout d'abord... », « Puis nous nous demanderons... », « Enfin nous étudierons... » (efforcez-vous de varier les verbes qui introduisent chaque partie). Pour annoncer l'idée d'un premier auteur : « Ainsi [tel auteur] présente... » Pour ajouter l'idée d'un deuxième auteur : « [Tel autre auteur], quant à lui, explique que... » Pour débuter la conclusion : « Nous avons donc vu que... »

Enfin, gardez-vous un temps pour vous relire. Il est très difficile pour le cerveau de faire attention en même temps au fond et à la tournure des phrases, l'orthographe, la grammaire, la ponctuation. La synthèse est un exercice de français, les fautes feront baisser votre note, tandis qu'un joli style contribuera à valoriser votre copie. Lors de la relecture, posez-vous presque une question par mot : « avec quel nom cet adjectif doit-il s'accorder ? », « quel est le sujet de ce verbe ? »... Respectez bien la ponctuation également. Attention, enfin, à l'usage des guillemets. Vous ne les utiliserez pas pour rapporter les paroles des auteurs puisque vous ne devez pas les citer (vous les reformulez). Mais si vous avez trouvé un synonyme qui est un peu moins précis que le mot employé par l'auteur (sans être familier toutefois), vous pouvez encadrer ce mot de guillemets.

Décomposition de synthèses dans leurs différentes étapes méthodologiques

Synthèse 1
à partir des documents suivants :

A. Yoanna Sultan-R'bibo, *Une cabane dans mon salon ou pourquoi les enfants confinés construisent-ils des cachettes ?*, Étude 6 Doc 6 p. 123

B. Camille Bordenet, *« C'est avec regret que je sors de ma tanière » : à l'heure du déconfinement, ils ne veulent pas renouer avec leur vie sociale d'avant,* Étude 4 Doc 3 p. 67

C. Sylvain Tesson, *Dans les forêts de Sibérie,* Étude 2 Doc 7 p. 44

D. Photographie du Cabanon de Le Corbusier, Étude 2, Doc 1 p. 38

1 Dégager les grandes idées des textes

Résumé des textes

Idée numéro	Idées principales du doc. A : Yoanna Sultan-R'bibo
A1	Construire une cabane est un bon procédé face à un environnement nouveau.
A2	Plusieurs enfants ont joué à faire des cabanes au début du confinement.
A3	Elle correspond à un confinement choisi, dont on définit soi-même les règles.
A4	Des enfants aiment dormir dans leur cabane.
A5	Elle aide à se réapproprier une réalité qui nous échappe, comme, avec le confinement, le fait de ne plus voir ses amis.
A6	Elle laisse sa place à l'imagination.

A7	Elle donne une impression de protection.
A8	Construire une cabane rend actif, contrairement au visionnage des écrans.
A9	Elle apporte de la liberté, de l'autonomie.
A10	Le fait de construire est un bénéfice en lui-même de cette activité.
A11	Un enfant peut avoir le besoin de l'immortaliser en la prenant en photo, en la mettant sur un réseau social.
A12	Les enfants y mettent leurs objets fétiches.
A13	Les enfants sont une éponge pour les émotions des parents et la cabane les rassure.
A14	Il est souhaitable que les adultes échangent avec les enfants à ce propos.
A15	La cabane apporte un équilibre aux enfants alors que les adultes devront souvent trouver le leur en multipliant les activités.

Idée numéro	**Idées principales du doc. B : Camille Bordenet**	**Idées proches**
B1	Certains ont été soulagés pendant le confinement de ne plus avoir à perturber leur hygiène de vie avec les sorties (alcool, cigarettes).	A5 : se réapproprier son quotidien
B2	Certains se sont aperçus qu'ils s'obligeaient à accepter toutes les sorties alors qu'au fond d'eux-mêmes, cela ne leur convenait pas.	A5
B3	Pour une des personnes interrogées, les sorties correspondaient à un budget important aussi.	
B4	Pourtant au début, il y avait une peur de la solitude.	A5 : les enfants aussi ont pu craindre de perdre leurs amis.
B5	Chez une autre personne il y avait de la culpabilité, en début de confinement, pour ce qui était de refuser les invitations.	
B6	L'une des personnes évoque une sorte de compétition sociale dispendieuse en énergie, dont il se réjouit d'être sorti.	

B7	On regrette la superficialité de ces rendez-vous sociaux obligatoires.	
B8	Le confinement a été l'opportunité de se retrouver soi-même.	A12
B9	On n'est pas forcément soi-même en société.	
B10	Les autres peuvent nous juger aussi.	
B11	Nous avons pu nous adonner à des activités plus authentiques, comme le jardinage. Nous avons parfois bénéficié d'une prise de conscience écologique.	
B12	Une personne interrogée en a profité pour supprimer ses comptes sur des réseaux sociaux.	A11 : utiliser ou pas les réseaux sociaux ?
B13	Un homme témoigne avoir eu enfin de vrais échanges avec sa compagne.	A14 : importance des échanges
B14	Il serait souhaitable de ne plus avoir besoin d'un confinement pour faire entendre son désir d'intériorité.	A14 : se sentir autorisé

Idée numéro	**Idées principales du doc. C : Sylvain Tesson**	**Idées proches**
C1	La cabane nous autorise à vivre en harmonie avec la nature.	B11
C2	L'absence d'écran invite à admirer la nature.	A11, B12
C3	La forêt peut faire barrage aux discours angoissants.	A7
C4	La cabane nous offre le temps pour contempler, d'apprécier les petites choses.	B11

Idée numéro	Idées principales du doc. D : photographie du cabanon de Le Corbusier	Idées proches
D1	La forme est géométrique, épurée mais l'ensemble est construit, assez élaboré.	
D2	Le matériau utilisé est le bois.	B11, C1
D3	Tout le confort y est.	
D4	On ne voit pas de télévision.	A11, B12, C2
D5	Un coin couchage permet d'y dormir.	A4
D6	Un seul cube pour s'asseoir est posé devant la table.	B8, A12
D7	On devine une peinture murale au fond.	A12
D8	Ce cabanon a été préservé depuis 1951.	A11

Parties possibles

- La cabane permet de se réapproprier son quotidien (B1, A5)
- La solitude peut faire peur, en tout cas au début (B4, A5)
- La cabane nous offre une chance de nous retrouver nous-mêmes. (A12, B8, D6)
- Elle permet de se positionner par rapport aux réseaux sociaux et aux écrans (A11, B12, C2, D4)
- Elle peut favoriser les échanges (A14, B13)
- Elle permet de s'autoriser soi-même (A14, B14)
- Elle aide à vivre en harmonie avec la nature (B11, C1, D2)
- Elle offre une impression de protection (A7, C3)
- Elle permet de se connecter aux choses simples (B11, C4)
- On peut y vivre, y dormir (A4, D5)
- On peut y mettre ses objets fétiches (A12, D7)
- Elles ont vocation à se fondre dans la nature mais on peut aussi vouloir les conserver (A11, D8)

Pour les parties, nous retenons les thèmes permettant d'évoquer le plus de documents possibles (sachant que chaque document doit être abordé au moins une fois au cours du devoir).

2 Problématique et plan général de synthèse

Problématique : Comment la cabane nous permet-elle de nous ressourcer ?

I) Se protéger du reste du monde

a) Idée de protection, on peut y vivre et dormir (A7, C3) (A4, D5)
b) La solitude peut angoisser au début (A5, B4)
c) La question des réseaux sociaux (A11, B12, C2, D4)

II) Une connexion avec l'essentiel

a) Se réapproprier son quotidien (A5, B1)
b) Vivre en harmonie avec la nature, les choses simples (B11, C1, D2) (B11, C4)
c) Les échanges avec les autres (A14, B13)

III) Se retrouver soi-même

a) L'opportunité de se retrouver (A 12, B8, D6)
b) S'autoriser à être soi-même (A14, B14)
c) On peut y mettre ses objets fétiches (A12, D7)

3 Rédaction de la synthèse

On commence par une accroche : proverbe, fait d'actualité… en lien avec le thème du corpus.
Attention : c'est le seul passage de la synthèse (avec l'élargissement à la fin de la conclusion) qui peut contenir un élément ne venant pas directement d'un document.
On annonce la problématique : une question à laquelle les documents et notre plan tendent à répondre.

Qui n'a jamais joué, enfant, à construire une cabane, puis à s'y blottir ? Or, cet attrait ne disparaît pas à l'âge adulte, et le mot a été utilisé, dernièrement, pour qualifier les difficultés de certains à sortir du confinement : le syndrome « de la cabane ». Quand nous y sommes bien en effet, la maison possède pour notre inconscient, plusieurs caractéristiques, certains attraits de la cabane. Nous pouvons nous interroger sur les vertus de cet espace bâti si particulier. Comment la cabane nous aide-t-elle à nous ressourcer ?

On présente rapidement le thème global de chaque document.

Pour traiter cette question, nous disposons d'un corpus de documents : deux articles, un extrait de récit et une photographie. Dans le premier article, Yoanna Sultan-R'bibo présente les vertus de la cabane chez les enfants. Dans le deuxième article, Camille Bordenet aborde le syndrome de la cabane dans le cadre du confinement. Ensuite, nous découvrons un extrait du récit autobiographique *Dans les forêts de Sibérie*, où Sylvain Tesson présente la valeur, notamment écologique, de la cabane. Enfin, la photographie représente le cabanon que l'architecte Le Corbusier s'est fait construire en 1951 à Roquebrune-Cap-Martin.

On annonce clairement le plan.

Nous verrons tout d'abord comment la cabane nous permet de nous protéger, au moins symboliquement, du reste du monde. Puis, nous montrerons qu'elle nous aide à nous connecter avec notre environnement et à nos proches. Enfin, nous nous demanderons en quoi elle contribue à nous recentrer sur nous-mêmes.

On annonce le thème de notre première partie sans évoquer encore le contenu précis d'un document.

Tout d'abord, la cabane semble nous préserver du reste du monde, en tout cas des dangers susceptibles de nous menacer.

Si le thème de la partie peut être divisé en sous-thèmes autorisant chacun la confrontation entre plusieurs documents, on peut faire des sous-parties.

On confronte plusieurs passages provenant de plusieurs documents (au moins deux)
SANS CITER :
il s'agit de ***reformuler.***

Elle nous confère un agréable sentiment de protection. Ainsi, Yoanna Sultan-R'bibo explique qu'elle rassure les enfants qui la bâtissent et qu'ils aiment y passer la nuit. De même, Sylvain Tesson a l'impression qu'elle permet à la forêt de faire barrage aux discours angoissants de la civilisation. Le Corbusier aime s'y réfugier lui aussi puisqu'on trouve dans son cabanon tout ce qui est nécessaire pour vivre, et même une couche pour y dormir.

On annonce le sous-thème correspondant à notre deuxième sous-partie.

Attention : dans le développement tout doit provenir des documents.

Se couper du monde peut cependant générer des angoisses, vite dissipées. Ainsi, Yoanna Sultan-R'bibo explique que les enfants ont souffert, au début du confinement, de ne plus voir leurs amis. De même, Camille Bordenet affirme que les adultes ont pu redouter la solitude.

On annonce le sous-thème correspondant à notre troisième sous-partie.

Pour évoquer un document, on mentionne simplement le nom de l'auteur (sans ajouter le titre ni le type de document).

La cabane aide aussi à se couper des écrans et des réseaux sociaux. L'une des personnes interrogées par Camille Bordenet dit avoir profité du confinement pour supprimer ses comptes sur les réseaux sociaux. Sylvain Tesson se réjouit que l'absence d'écran favorise la contemplation de la nature. Par ailleurs, le cabanon de Le Corbusier ne contient aucun téléviseur. Nous pouvons cependant nuancer car Yoanna Sultan-R'bibo explique que parfois, les enfants peuvent ressentir le besoin de partager leur cabane sur un réseau social.

On ménage des transitions, faisant le lien entre les parties et rappelant clairement où nous en sommes dans le plan.

La cabane nous ménage donc un espace protégé de l'agitation du monde. Ce faisant, elle nous facilite la connexion avec l'essentiel.

On utilise autant que possible des mots de liaison : « Tout d'abord… », « Ainsi… », « De plus… » conformément aux liens logiques qui s'imposent. Camille Bordenet affirme en fait : « Mathieu n'oubliera pas le goût de sa première tomate, satisfaction dépassant… » En utilisant des synonymes, des périphrases, des tournures différentes, on reformule les idées des textes.
PAS DE CITATION.

Tout d'abord, la cabane nous aide à nous réapproprier notre vie quand des éléments semblent nous échapper. Ainsi Yoanna Sultan-R'bibo affirme qu'elle a aidé les enfants à reprendre possession de leur réalité suite au désagrément de ne plus voir leurs amis. Camille Bordenet explique, elle, que certains qui se laissaient trop entraîner à sortir, à boire, à fumer, ont pu reprendre en main leur hygiène de vie grâce au confinement.

La cabane nous invite à vivre plus en harmonie avec la nature. Camille Bordenet dit que nous avons pu nous adonner à des activités plus authentiques comme le jardinage et que nous avons bénéficié d'une prise de conscience écologique. Sylvain Tesson promeut la cabane qui autorise à vivre plus en lien avec la nature. Enfin Le Corbusier a construit son cabanon en bois, matériau respectueux de l'environnement.

Aucun paragraphe ne peut traiter d'un seul document. Un paragraphe = confrontation d'au moins deux documents sur un point précis.

La cabane est aussi l'occasion d'échanges privilégiés avec nos proches. Ainsi Yoanna Sultan-R'bibo estime qu'il est sain que les adultes échangent avec leurs enfants à son propos. Camille Bordenet recueille le témoignage d'un homme qui se félicite d'avoir eu enfin, grâce au confinement, de vrais temps d'échange avec sa compagne.

Transition entre la deuxième et la troisième partie, rappel d'où nous en sommes dans le plan.

La cabane renforce notre lien avec l'essentiel, notamment la nature et nos proches. Comment peut-elle aussi nous aider à nous retrouver nous-mêmes ?

Elle représente une opportunité de nous recentrer. Camille Bordenet se réjouit que le confinement ait pu nous aider à nous tourner vers notre intériorité. Dans le cabanon de Le Corbusier, nous ne voyons qu'un seul cube face à la table, suggérant que l'architecte appréciait, au moins occasionnellement, de s'y retrouver seul.

La cabane peut m'autoriser à être moi-même. Ainsi Yoanna Sultan-R'bibo conseille aux parents de dire à leurs enfants, s'ils ne le font pas eux-mêmes, qu'ils peuvent faire une cabane s'ils le désirent. Camille Bordenet rapporte que le confinement a inspiré un désir d'assertivité, à l'avenir, quand nous ne voudrons pas sortir.

Enfin, nous pouvons y ranger nos objets favoris. Yoanna Sultan-R'bibo explique que les enfants y mettent leurs objets fétiches. Nous remarquons, par ailleurs, que Le Corbusier a choisi une peinture, qu'il a affichée à l'entrée de son cabanon.

Au début de la conclusion, on rappelle le cheminement du devoir, qui nous amène à répondre clairement à la problématique.
On garde une idée pour la fin qui peut déboucher sur un élargissement (seul passage avec l'accroche où l'on peut s'écarter légèrement des textes).

Nous avons donc vu que la cabane nous offre une protection nous autorisant à mieux nous ouvrir à l'essentiel : la nature, nos proches et nous-mêmes. Le succès des cabanes tient sans doute en partie à cette symbiose entre l'activité humaine et la nature qu'elles manifestent. Terminons en soulignant ce paradoxe quant au cabanon de Le Corbusier : l'un des charmes de la cabane consiste à ne pas être pérenne, à avoir vocation à être digérée par la nature, mais nous avons pourtant souhaité conserver depuis 1951 ce cabanon, élevé au rang d'œuvre d'art !

Synthèse 2
à partir des documents suivants :

A. Martin Heiddegger, *Bâtir, habiter, penser,* Étude 8 Doc 4 p. 141
B. Maya Lebas, *Le home sweet home idéal,* Étude 8 Doc 1 p. 135
C. Pascale Krémer, *Chacun chez soi mais à plusieurs,* Étude 8 Doc 5 p. 143
D. Peter Zumthor, Étude 8 Doc 3 p. 139

1 Dégager les grandes idées des textes

Résumé des textes

Idée numéro	Idées principales du doc. A : Martin Heidegger
A1	La façon dont on bâtit signifie intrinsèquement celle dont on habite.
A2	Il s'agit de construire et d'assembler des espaces entre eux.
A3	Si j'habite bien, je bâtis bien.
A4	L'exemple d'une maison paysanne dans la Forêt-Noire montre que l'on savait alors construire en tenant compte de la relation entre la terre, le ciel, les humains et les divins, et ce sans inutile complication.
A5	Cette maison est conçue d'une façon optimale par rapport à son environnement et aux mœurs de ses habitants.
A6	On tient compte aussi des rites funéraires des habitants.
A7	Il ne s'agit pas de refaire, dans la Forêt-Noire des maisons semblables mais de s'inspirer de la capacité de leurs bâtisseurs à bien « habiter » pour bien construire.
A8	Habiter est intrinsèquement lié à l'existence, donc bâtir l'est de même.

Idée numéro	Idées principales du doc. B : Maya Lebas	Idées proches
B1	Les Français ne veulent plus d'une maison « bunker », ils souhaitent une habitation ouverte sur l'environnement et leurs proches, respectant toutefois leur aspiration à l'intimité.	
B2	Espace enraciné où s'établissent les relations de la famille, lieu d'intériorisation et de lien avec les autres, la maison est la 2e condition avancée pour le bonheur par les Français.	A4 : espace enraciné
B3	Avec la mondialisation et ses échecs, les Français se recentrent sur leur famille ou leur couple.	
B4	Les habitations actuelles ne sont pas très grandes.	
B5	La grande majorité des Français veulent devenir propriétaires, même s'il faut pour cela réaliser un très gros emprunt. Dans les faits, une petite majorité l'est devenue. La part des propriétaires augmente, notamment pour se sécuriser face aux incertitudes économiques.	
B6	Les Français accueillent de plus en plus de monde à la maison et ils communiquent avec toute la planète grâce aux nouveaux moyens de communication.	
B7	Le bon logement doit trouver un équilibre entre la facilitation des relations entre proches et la préservation de l'intimité.	
B8	Les familles ont beaucoup changé.	A7 : les habitations doivent évoluer.
	On n'est pas forcément soi-même en société.	
B9	Il s'agit que les adultes d'un côté et les enfants de l'autre, chacun dispose de son espace, d'autant que les enfants restent de plus en plus longtemps à la maison.	
B10	Les Français sont plus exigeants en matière de salle de bains également.	

B11	Hommes et femmes ont des attentes différentes en matière de pièces mais ils aspirent tous au confort.	
B12	La performance environnementale, la luminosité et l'isolation phonique sont attendues.	
B13	Des exigences apparaissent sur la possibilité de travailler à la maison et de voir des vidéos dans de très bonnes conditions.	
B14	Pour la décoration et l'architecture, un certain classicisme et un ancrage régional sont attendus.	
B15	Pour éviter les temps d'attente et préserver l'intimité, on cherche à dédoubler salle de bains et WC.	
B16	On constate un retour des coiffeuses.	
B17	Souvent on se partage le PC, donc le bureau se trouve plutôt dans la pièce commune.	
B18	Le jardin est très recherché pour toutes les activités d'agrément que l'on peut y pratiquer.	
B19	On recherche une certaine multifonctionnalité : tables pliantes, cloisons mobiles.	
B20	En fonction des évolutions de la vie, des pièces peuvent changer d'usage.	A7

Idée numéro	**Idées principales du doc. C : Pascale Krémer**	**Idées proches**
C1	Yves Rapin, encore inspiré par l'esprit de mai 1968, habite en collectivité dans un écoquartier, où l'on vit en solidarité avec les autres.	A8 : habiter est lié à son vécu. B1 : ouvert sur l'environnement
C2	Inspirés par une tradition locale, ces appartements sont à la fois ouverts à la solidarité et indépendants.	B9 : chacun dispose de son espace.
C3	Un accompagnateur joue le rôle d'homme à tout faire.	

C4	Des activités nombreuses permettent de se retrouver.	
C5	Le lieu avait d'abord une vocation chrétienne, puis il s'est laïcisé.	A6 et A7
C6	« Ne pas faire du logement » : donner du sens.	A8
C7	Les personnes sont satisfaites de ne pas être esclaves de la télévision.	B13

Idée numéro	**Idées principales du doc. D : Peter Zumthor**	**Idées proches**
D1	Des habitations qui imitent les chalets traditionnels	B14
D2	Mais on constate une adaptation aux aspirations actuelles : grande luminosité.	B12
D3	Les chalets ne sont pas très grands.	B4
D4	Ils s'inscrivent dans de beaux paysages.	B18

Parties possibles

- La maison, un espace qui enracine (A4, B2)
- Les habitations doivent évoluer avec la société (A7, B8, B12, D2)
- Habiter est lié à notre vécu (A8, C1)
- Habitation doit être ouverte sur les autres (B1, C1)
- La question de la spiritualité et de la mort (A6, C5)
- Bâtir est lié à l'existence, cela doit tenir compte de notre aspiration à donner du sens (A8, C6)
- La question des écrans dans l'habitation (B13, C7)
- Goût pour un certain classicisme (B14, D1)
- Mais on adapte aux goûts actuels (B12, D2)
- En moyenne les habitations aujourd'hui ne sont pas très grandes (B4, D3)

- La question d'un espace naturel autour (B18, D4)

Pour les parties, nous retenons les thèmes permettant d'évoquer le plus de documents possibles (sachant que chaque document doit être abordé au moins une fois au long du devoir).

2 Problématique et plan général de synthèse

Problématique : Comment dépasser le simple « logement » et permettre « l'habitation » ?

I) L'habitation, un phénomène enraciné ?

a) La maison, un espace qui s'enracine (A4, B2, B14, D1)

b) La maison et la nature (B18, D4)

c) L'évolution nécessaire (A7, B8, B12, D2)

II) Habiter : une notion au cœur de l'existence

a) Habiter est lié à notre vécu. L'habitation doit tenir compte de notre aspiration à donner du sens (A8, C1, C6)

b) Habiter doit nous ouvrir sur les autres (B1, C1)

c) La question de la spiritualité et de la mort (A6, C5)

3 Rédaction de la synthèse

L'accroche nous permet d'amener avec naturel le thème du corpus. C'est l'un des deux seuls passages (avec l'élargissement à la fin de la conclusion) qui peuvent ne pas provenir directement des documents.

Annonce claire d'une problématique : une question à laquelle les documents et notre plan tendent à répondre.

« Pour un homme bâtir sa maison c'est naître une deuxième fois », a écrit Roch Carrier dans son roman *Il n'y a pas de pays sans grand-père*. En effet, l'acte de construire, ou de faire construire sa propre maison est l'un des plus conséquents d'une vie. Aussi, il importe de réfléchir sur les principes d'une habitation digne de ce nom. Comment dépasser le simple logement et permettre l'habitation ?

Présentation sommaire du contenu des documents. Ce paragraphe n'est pas obligatoire.

Pour répondre à cette question, nous disposons d'un corpus de quatre documents. Dans un extrait de sa conférence « Bâtir, habiter, penser », le philosophe Martin Heidegger réfléchit à l'essence de l'habitation. Maya Lebas décrit, dans un article pour *Le Figaro,* les attentes des Français en matière de maison. Pascale Kremer présente, elle, dans un article pour *Le Monde*, une tendance des personnes âgées à rechercher des logements intégrés dans une collectivité soudée. Enfin, nous disposons d'une photographie de chalets conçus par l'architecte Peter Zumthor.

On annonce le plan.

Nous nous interrogerons, tout d'abord, sur l'équilibre entre tradition et évolution concernant les maisons. Puis, nous montrerons que l'habitation est au cœur de notre vécu humain.

On annonce clairement le thème de la première partie, sans évoquer encore un document précis.

Tout d'abord, l'habitation suppose-t-elle un enracinement dans le terroir et les traditions ?

On peut découper une partie en sous-parties si on a la possibilité de couper le thème de la partie en plusieurs sous-thèmes autorisant chacun une confrontation entre plusieurs documents.

La maison semble bien avoir, dans sa nature, une tendance à l'ancrage dans le terroir. Ainsi, Martin Heidegger prend en exemple les maisons traditionnelles dans la Forêt-Noire, construites en tenant compte des relations entre la terre, le ciel, les humains et les divins, conformément à la tradition. Maya Lebas qualifie, elle, les maisons d'espaces enracinés.

Martin Heidegger dit en fait « nous ne voulons aucunement dire qu'il nous faille, et que l'on puisse revenir à la construction de ces maisons. » On ***reformule*** *par des synonymes et des périphrases les documents (sauf, naturellement, pour les mots sans synonyme ou dans le cas où un synonyme conduirait à une modification trop significative des propos de l'auteur).*

L'architecture de la maison gagne à s'inscrire dans la pratique traditionnelle de la région concernée. Maya Lebas explique ainsi que pour le style de bâtisse, un ancrage régional est souvent attendu. Nous remarquons aussi que l'architecte Peter Zumthor s'est inspiré pour ses maisons en montagne de la forme des chalets traditionnels.

Transition entre la première et la deuxième partie, rappel d'où nous en sommes dans le plan. Attention : dans le développement tout doit provenir des documents.

La maison s'inscrit donc dans un terroir et une tradition, même si elle doit aussi savoir évoluer en fonction des mœurs. Comment l'habitation peut-elle épouser notre réalité humaine ?

Tout d'abord, l'habitation est liée à notre vécu profond. Elle doit tenir compte de notre aspiration au sens. Pour Martin Heidegger, habiter est intrinsèquement lié à l'existence, donc l'acte de bâtir doit tenir compte de ce que nous sommes en profondeur. Pascale Krémer souligne l'écueil consistant à s'en tenir à faire du « logement » : il s'agit aussi de contribuer à donner du sens à nos vies.

La maison doit être pensée pour nous ouvrir aux autres. Ainsi, Maya Lebas nous indique que les Français ne veulent pas d'une maison « bunker » ; ils souhaitent une habitation ouverte sur l'environnement et leurs proches, respectant toutefois leur aspiration à l'intimité. Pascale Krémer nous relate le témoignage d'un retraité ayant connu l'esprit de mai 1968 : Yves Rapin souhaite un habitat conforme aux valeurs à l'origine de ce mouvement historique, où l'on puisse vivre en solidarité avec les autres.

Enfin, la spiritualité et à la religion ont pu avoir leur place au sein des habitations mais il semble que ce soit moins le cas aujourd'hui. Martin Heidegger explique qu'au sein des maisons traditionnelles de la Forêt-Noire, on tenait compte des rites religieux et funéraires des habitants. Pascale Krémer nous révèle que le centre La Tourangelle avait d'abord une vocation chrétienne mais qu'il s'est laïcisé par la suite.

Rappel du cheminement du devoir et réponse à la problématique.

Élargissement : une idée en lien avec le thème évoqué mais légèrement différente, l'un des deux seuls passages (avec l'accroche) qui peuvent ne pas provenir directement des documents.

Nous avons donc vu que l'habitation, qui s'inscrit dans le paysage et l'histoire d'un lieu, est liée en profondeur à notre façon de vivre. Terminons en précisant que, dans le contexte actuel de prise de conscience des enjeux écologiques, la maison a naturellement vocation à s'inscrire dans le développement durable : qualité de l'isolation, performance énergétique, panneaux solaires, matériaux recyclables, collecteurs d'eau de pluie.

Synthèse 3
à partir des documents suivants :

A. Laurent Carpentier, *Le repaire de Victor Hugo décorateur et architecte,* Étude 5, doc 2, p. 88

B. Évelyne Bloc-Dano, *Mes maisons d'Écrivain,* Étude 5, doc 4, p. 91

C. Marcel Proust, *Du Côté de chez Swann,* Étude 7, doc 5, p. 122

D. Photographie de la maison de Victor Hugo, Étude 5, doc 3, p. 90

1 Dégager les grandes idées des textes

Résumé des textes

Idée numéro	Idées principales du doc. A : Laurent Carpentier
A1	Avec la maison de Victor Hugo, on découvre une autre facette de lui-même.
A2	La maison se trouve exposée aux éléments.
A3	C'est ici que Victor Hugo vécut son exil après avoir défié Napoléon III.
A4	C'est dans ce décor fantasque avec des objets provenant de nombreux pays qu'Hugo écrivit parmi ses plus grands chefs-d'œuvre.
A5	La maison a été entretenue grâce à la Ville de Paris et à un mécénat.
A6	La décoration correspond au style de l'auteur.
A7	Les habitations des auteurs invitent à la fantaisie et à l'intériorité.
A8	Nous pouvons visualiser Hugo dans ses activités quotidiennes en ces lieux.
A9	La vente de ses poèmes lui a rapporté de quoi acquérir la maison.
A10	En redisant ses vers, on se demande si on peut le faire revivre.
A11	Dans les combles se trouvent les pièces où l'écrivain passait le plus de temps.
A12	Effrayé par le vent, il avait entouré sa petite chambre par celle de sa bonne et de sa belle-sœur.

A13	L'espace dédié à l'écriture, qui surplombe l'île et la mer, donne envie de se connecter à l'esprit d'Hugo. Cela ne fonctionne pas forcément mais les émotions sont au rendez-vous.

Idée numéro	**Idées principales du doc. B : Évelyne Bloch-Dano, *Mes Maisons d'écrivain***	**Idées proches**
B1	On peut suivre la vie de Balzac à travers ses domiciles parisiens, notamment ses péripéties financières.	A8
B2	Pour échapper aux huissiers, il s'est installé dans un appartement à Passy ayant deux portes donnant sur deux rues différentes.	A9, A12
B3	Aussi, il a loué sa maison sous un pseudonyme.	A3 : les tourments des grands auteurs
B4	Le bâtiment appartient aujourd'hui à la Ville de Paris qui en a fait un musée, après avoir dû faire expulser les locataires	A5
B5	Dans ces lieux, on cherche à faire revivre l'auteur.	A8
B6	C'est sur une petite table dans le bureau que Balzac écrivit parmi ses romans les plus connus.	A4
B7	La disproportion entre la petitesse des lieux, du meuble et l'œuvre qui en est sortie est impressionnante.	A13
B8	C'est le premier sentiment ressenti en visitant les habitations des auteurs.	A13
B9	Balzac n'écrivait pas face à la fenêtre, car il tirait son inspiration de l'intérieur.	A13

Idée numéro	**Idées principales du doc. C : Marcel Proust**	**Idées proches**
C1	Le narrateur raconte comment, enfant, au matin, son esprit reconstitue progressivement les lieux autour de lui. D'abord, il prend conscience qu'il est bien réveillé.	A8
C2	Il se remémore dans quelle chambre il se trouve.	

C3	Puis il remet les meubles en place par l'imaginaire (on comprend qu'il n'a pas encore ouvert les yeux).	A7
C4	Mais il s'était trompé. La lumière du jour lui indique où est la fenêtre, en fait. Il remet les meubles à leur vraie place, toujours par l'imaginaire et sans ouvrir les yeux.	A13, B9

Idée numéro	**Idées principales du doc. D : photographie de la maison de Victor Hugo**	**Idées proches**
D1	La décoration chargée peut rappeler le style prolifique de Victor Hugo.	A6
D2	Les miroirs évoquent le moi, important dans le romantisme.	A1
D3	Un arbre représente la nature qui est également un thème important du romantisme.	A4
D4	La porte entourée de décoration d'inspiration chinoise est comme une ouverture vers le voyage, vers l'imaginaire.	A7

Parties possibles

- Des indices sur la vie de l'auteur (A8, B1)
- Les écrivains et l'argent (A9, B2)
- Les petites faiblesses des écrivains (A12, B2)
- La vie d'un écrivain peut être mouvementée (A3, B3)
- Des institutions, des mécénats peuvent sauver les lieux (A5, B4)
- On y cherche à faire revivre l'auteur (A8, B5)
- Disproportion entre la petitesse des lieux, des meubles et une grande œuvre artistique (A12, B7)
- Cela nous donne des émotions fortes (A13, B9)
- De même que Marcel Proust imagine progressivement sa chambre, nous imaginons l'écrivain dans ses lieux (A8, C1)
- Importance de l'imaginaire dans le métier d'écrivain (A7, C3, D4)

- L'écrivain a-t-il besoin d'un support pour l'imaginaire ? (A13, B9, C4)
- On peut même y trouver des indices du style des auteurs (A6, D1, D2)
- On peut trouver des indices des thèmes de l'auteur (A4, D2, D3)

Pour les parties, nous retenons les thèmes permettant d'évoquer le plus de documents possibles (sachant que chaque document doit être abordé au moins une fois au cours du devoir).

2 Introduction

« La maison nous permet de rêver en paix », écrit Bachelard dans son essai *La poétique de l'espace*. Or, pour trouver l'inspiration lorsqu'ils rédigent un roman, les écrivains ont naturellement besoin de libérer leur imaginaire. C'est peut-être pour cela que les habitations des grands auteurs sont très prisées par les lecteurs. Les maisons des écrivains nous aident-elles à pénétrer les secrets de leur créativité ? C'est la question que nous nous proposons d'aborder à l'appui de notre corpus.

Le premier document est un article du journal *Le Monde* écrit par Laurent Carpentier, dans lequel l'auteur raconte avec émotion sa visite de la demeure de Victor Hugo à Guernesey. Dans le deuxième document, Évelyne Bloc-Dano nous présente la maison de Balzac à Passy. Le troisième document est un extrait de *Du Côté de chez Swann* de Marcel Proust. Dans ce texte, le narrateur tente de reconstituer sa chambre alors qu'il ferme encore les yeux, réveillé depuis peu. Enfin, une photographie nous présente le salon rouge de la maison de Victor Hugo.

Nous verrons tout d'abord comment certaines maisons d'écrivains sont devenues des musées qui nous aident à nous connecter aux grands auteurs. Puis, nous tenterons de comprendre en quoi ces maisons peuvent être des témoignages de la vie de leur illustre habitant. Enfin, nous nous demanderons si la maison peut jouer un rôle de berceau pour l'imaginaire des écrivains.

3 Plan détaillé

Problématique : Les maisons des écrivains nous aident-elles à pénétrer les secrets de leur créativité ?

I) Des maisons devenues musées qui permettent de se connecter avec les grands auteurs

a) Des institutions, des mécénats peuvent préserver ces bâtisses (A5, B4)

Laurent Carpentier nous explique que la maison de Victor Hugo à Guernesey a été entretenue et ouverte au public grâce à la Ville de Paris et à un mécénat. De même, Évelyne Bloc-Dano nous apprend que la maison de Balzac à Passy appartient à la Ville de Paris qui en a fait un musée après avoir dû expulser les anciens locataires.

b) Des lieux qui nous inspirent de fortes émotions (A13, B7)

Laurent Carpentier nous confie ses émotions de s'être mis au pupitre de Victor Hugo. De même Évelyne Bloc-Dano est saisie par la disproportion entre la petitesse des lieux dans le bureau de Balzac et l'œuvre impressionnante qui en est sortie.

II) Des témoignages de la vie des écrivains

a) Une présence presque physique des auteurs (A8, B1)

Laurent Carpentier tente de visualiser Victor Hugo dans sa maison. Évelyne Bloc-Dano affirme que l'on peut suivre la vie de Balzac à travers ses différents domiciles parisiens.

b) Les écrivains et leurs tourments (A3, A9, A12, B2, B3)

Laurent Carpentier évoque le deuil que Victor Hugo a dû traverser, notamment en ces murs, suite au décès de sa fille. Il mentionne aussi son statut d'exilé après que l'écrivain a défié Napoléon III. Évelyne Bloc-Dano nous rappelle les difficultés financières de Balzac. Elle nous explique l'une des raisons de son choix pour la maison de Passy : elle dispose de portes donnant sur deux rues différentes, ce qui permettait d'échapper aux huissiers. Sur l'aspect financier, Victor Hugo semblait mieux loti : Laurent Carpentier nous informe en effet qu'il a pu acheter la maison de Guernesey grâce à la vente de ses poèmes.

c) Des correspondances entre les aménagements domestiques et le style, les thèmes de prédilection des écrivains ? (A4, A6, D1, D2, D2, D3)

Laurent Carpentier nous explique que c'est dans ce décor fantasque, avec des objets provenant de nombreux pays que Victor Hugo a écrit parmi ses plus grands chefs-d'œuvre. Il remarque que cette décoration correspond assez au style littéraire de l'auteur. De fait, nous constatons dans la photographie que la décoration assez chargée s'apparente bien au style prolifique de Victor Hugo. On y distingue aussi des thèmes romantiques, comme les miroirs qui évoquent le moi, l'arbre qui suggère la nature.

III) Les maisons d'écrivain : un berceau pour l'imaginaire ?

a) Importance de l'imaginaire dans le métier d'écrivain (A7, C3, D4)

Laurent Carpentier affirme que les habitations des auteurs invitent à la fantaisie et à l'intériorité. Dans la photographie du salon de Victor Hugo, la porte entourée d'une décoration chinoise est comme une ouverture vers le voyage, vers l'imaginaire.

b) L'écrivain a-t-il vraiment besoin d'un support pour l'imaginaire ? (A13, B9, C4)

Laurent Carpentier nous présente l'espace dédié à l'écriture de Victor Hugo qui surplombe l'île et la mer. Évelyne Bloc-Dano nous explique qu'à l'inverse, Balzac n'écrivait pas face à la fenêtre car il tirait son inspiration de l'intérieur. Marcel Proust semble clore ce débat avec son narrateur qui reconstitue sa chambre progressivement, dans un mouvement poétique, les yeux fermés juste après le réveil.

Synthèse 4
à partir des documents suivants :

A. Gaston Bachelard, Étude 7, doc 3, p. 120
B. Sibylle Vincendon, *À la maison, le télétravail a du mal à faire chambre à part*, Étude 7, doc 1, p. 115
C. Anne-lise Carlo, *La maison post-Covid : visite guidée*, Étude 7, doc 2, p. 118
D. Félix Valloton, *Femme fouillant dans un placard*, Étude 6, doc 2, p. 102

1 Dégager les grandes idées des textes

Résumé des textes

Idée numéro	Idées principales du doc. A : Gaston Bachelard
A1	La fonction la plus appréciable de nos habitations est de nous autoriser à rêver.
A2	C'est une dimension humaine fondamentale.
A3	La rêverie se justifie d'elle-même.
A4	Elle permet aussi de rendre inoubliables nos anciennes habitations.
A5	La maison nous aide à revivre notre passé ; elle donne un cadre à nos réflexions et à notre imaginaire.
A6	Notre habitation unifie toutes nos composantes psychiques, notamment quand nous sommes confrontés aux aléas de la vie.
A7	Elle est notre chrysalide.
A8	Notre existence débute favorablement : protégée au sein de la maison.

Idée numéro	Idées principales du doc. B : Sibylle Vincendon	Idées proches
B1	Une enquête révèle comment les Français ont vécu le télétravail durant le confinement.	
B2	Il a souvent fallu imaginer dans quel espace et comment travailler.	

B3	Il faut parfois négocier l'espace avec les autres habitants de la maison.	A : Bachelard semble nous imaginer seuls, tranquilles, chez nous.
B4	Certains, qualifiés ici de « poètes », se déplacent dans l'habitation pour profiter de la luminosité.	A1
B5	Certains doivent travailler en surveillant ce qui se passe dans la maison et à l'extérieur.	
B6	Le télétravail nécessite des adaptations dans la façon de vivre la maison.	
B7	Il a fallu réfléchir où faire les visioconférences pour que l'arrière-plan soit correct.	
B8	Beaucoup en ont profité pour embellir leur intérieur et le rendre plus pratique.	
B9	La conséquence est que les Français veulent plus d'espace, quitte à s'éloigner de la ville.	
B10	Mais pour cela, il faudrait que les conditions d'accès à Internet soient très bonnes dans les zones rurales.	
B11	À cette condition, cette crise aurait eu aussi des conséquences positives.	
B12	Pour ceux qui choisissent de rester en ville, il faut penser la surface de la maison différemment, notamment avec plus de modularité entre les pièces et même à l'intérieur d'un l'immeuble.	

Idée numéro	**Idées principales du doc. C : Anne-Lise Carlo**	**Idées proches**
C1	La maison est vue comme un cocon par beaucoup, notamment durant une crise comme celle du Covid 19.	A7
C2	Notre quotidien dans notre habitation a été profondément transformé par le télétravail, pourtant notre maison n'a pas beaucoup changé.	B6
C3	On s'arrange pour se trouver un espace de travail.	B2

C4	Les crises sanitaires précédentes ont entraîné d'importants changements dans l'urbanisme et l'architecture.	
C5	La maison a un aspect de cocon, pour autant elle doit être ouverte sur l'extérieur et sur les autres.	B5, B10
C6	Il ne s'agit pas simplement de réfléchir à l'aspect pratique de la maison. D'autres dimensions comptent : philosophique, spirituelle. Notre habitation doit nous aider à vivre sereinement.	A1, B4
C7	Beaucoup de Français ont apprécié le télé-travail et souhaitent continuer. Ce changement aura des conséquences dans l'aménagement des maisons.	
C8	Durant le confinement, beaucoup ont dû se s'arranger avec ce dont ils disposaient pour s'improviser un espace de travail.	B2
C9	Des cloisons amovibles permettent de la souplesse en matière d'aménagement de la pièce à vivre.	B12
C10	Un espace sera pensé dès le départ pour permettre des visioconférences avec un arrière-plan optimal.	B7

Idée numéro	Idées principales du doc. D : Félix Vallotton	Idées proches
D1	Une femme s'affaire dans un placard où du linge blanc est rangé.	C6 : aspect pratique de la maison
D2	Elle est accroupie, dans une posture qui peut évoquer une prière.	A1, B4, C6
D3	Le tableau est construit notamment sur un jeu de lumière entre l'intérieur du placard très éclairé et son pourtour dans l'obscurité.	B4
D4	Le linge blanc peut symboliser la pureté, l'âme.	A1, B4, C6
D5	Cette scène dans la maison, sans fenêtre apparente, peut évoquer l'intériorité.	A1, B4, C6

Parties possibles

- La maison, entre notre intimité et la relation avec nos proches (B3, A)
- La maison doit avoir une dimension pratique (C6, D1)
- Maison et rêverie, poésie, sensibilité (A1, B4, C6, D2, D4, D5)
- Avec le confinement, il a fallu s'improviser un espace de travail (B2, C8)
- Recherche de souplesse en matière d'aménagements (cloisons amovibles, meubles multifonction) (B12, C9)
- Penser l'arrière-plan pour les visioconférences (B7, C10)
- La maison comme cocon (A7, C1)
- Pour autant, elle doit être ouverte sur l'extérieur. (B5, B10, C5)
- Le télétravail et les adaptations nécessaires (B6, C2)
- Trouver un espace de travail (B2, C3)
- Maison et luminosité (B4, D3)

Pour les parties, nous retenons les thèmes permettant d'évoquer le plus de documents possibles (sachant que chaque document doit être abordé au moins une fois au cours du devoir).

2 Introduction

« Home, sweet home ! », disent les Anglais, soulignant l'affection que nous ressentons pour notre maison. Notre habitation nous est précieuse en effet, et ce pour des raisons qui vont bien au-delà de l'abri qu'elle nous offre. Quelles sont les fonctions de la maison ? C'est la question que nous nous proposons d'aborder à l'appui de notre corpus.

Dans le premier document, Gaston Bachelard développe ce qui est pour lui la première fonction des maisons : nous permettre de rêver. Le deuxième document est un article de Sibylle Vincendon qui fait le point sur la façon dont les Français ont vécu le confinement. Anne-Lise Carlo examine, dans le troisième document, les transformations qui s'annoncent dans les logements suite à l'expérience du confinement. Enfin, le dernier document représente un tableau de Félix Vallotton dans lequel une femme se trouve agenouillée face à son placard ouvert.

Nous aborderons tout d'abord les fonctions pratiques et professionnelles de la maison. Puis, nous montrerons que notre habitation doit être à même de nous ouvrir aux autres. Enfin, nous nous interrogerons sur l'aptitude de la maison à favoriser l'intériorité, le rêve et la spiritualité.

3 Plan détaillé

Problématique : Quelles sont les fonctions de la maison ?

I) Les fonctions pratiques et professionnelles

a) Une dimension pratique (C6, D1)

Anne-Lise Carlo admet que la maison possède un rôle pratique, même si elle estime que ses fonctions vont bien au-delà. Dans son tableau, Félix Vallotton représente une femme en train de s'affairer face à un placard contenant du linge.

b) Le télétravail et les adaptations nécessaires (B2, B6, C2, C3)

Sibylle Vincendon explique que beaucoup de personnes ont dû aménager un espace pour travailler durant le confinement. Cela a nécessité des adaptations dans leur façon de vivre leur maison. Anne-Lise Carlo l'affirme également : nous nous sommes arrangés pour nous constituer, chez nous, un espace de travail.

II) L'ouverture sur les autres

a) La maison entre intimité et relation avec les autres habitants (B3, A)

Selon Sibylle Vincendon, il faut parfois négocier l'espace avec nos proches dans la maison. Gaston Bachelard, lui, semble nous imaginer seuls, tranquilles, nous laissant aller à nos rêveries.

b) La nécessaire ouverture vers l'extérieur (B5, B10, C5)

Pour Sibylle Vincendon, certains travaillent en surveillant ce qui se passe à l'extérieur. Elle précise, par ailleurs, que les conditions d'accès à Internet doivent être très bonnes pour pouvoir vraiment habiter en zone rurale. Anne-Lise Carlo estime que si la maison a un aspect de cocon, elle se doit, pour autant, d'être ouverte sur l'extérieur et sur les autres.

III) Une coquille pour rêver ?

a) Maison et luminosité (B4, D3)

Sibylle Vincendon évoque, en les qualifiant de « poètes », ceux qui se déplacent dans leur habitation pour profiter de la luminosité. Le tableau de Félix Vallotton est construit notamment sur un jeu de lumière entre l'intérieur du placard, très éclairé, et son pourtour qui se trouve dans l'obscurité.

b) Maison et intériorité : de la poésie à la spiritualité (A1, B4, C6, D2, D4, D5)

Selon Gaston Bachelard, la fonction la plus appréciable de nos habitations est de nous autoriser à rêver. Pour Anne-Lise Carlo, il ne s'agit pas simplement de réfléchir à l'aspect pratique de la maison ; d'autres dimensions comptent : philosophique, spirituelle. Notre habitation doit nous aider à vivre sereinement. Enfin, la femme représentée par Félix Vallotton est accroupie, dans une posture qui peut évoquer une prière. Le linge blanc symbolise la pureté, l'âme. Cette scène dans la maison, sans fenêtre apparente, évoque l'intériorité.

Repères méthodologiques pour l'épreuve d'écriture personnelle

1 L'esprit de l'épreuve

Il s'agit cette fois de montrer que vous êtes capable de prendre position sur un sujet, d'argumenter, de convaincre. Cet exercice fait appel à de nombreuses qualités indispensables pour bien évoluer dans votre vie professionnelle, personnelle et citoyenne. L'épreuve de culture générale en BTS est probablement l'une des plus complètes de notre système éducatif !

La préparation de l'écriture personnelle vous conduira à développer votre culture sur les deux thèmes au programme durant l'année où vous passez le BTS. Cela vous amènera à approfondir des connaissances et des notions dans des domaines très variés : philosophique, culturel, historique... (d'où le nom de culture *générale*).

Vous allez travailler votre capacité à convaincre, à trouver les bons arguments, à illustrer rigoureusement votre pensée.

Enfin, c'est un exercice d'écriture exigeant, qui vous aidera à progresser dans la structure de vos phrases, votre style ainsi que votre orthographe et votre conjugaison.

2 Votre travail personnel

Il s'agit tout d'abord d'assimiler des connaissances et des références sur les deux thèmes au programme. La première partie de ce manuel est faite pour vous faciliter cette tâche mais un travail d'appropriation et de révision reste indispensable.

Concernant les références (romans, films, tableaux...), n'hésitez pas à vous faire des fiches, par sous-thème possible, sur lesquelles vous pourrez utiliser un tableau à trois colonnes : « Auteur », « Titre de l'œuvre », « Idée développée sur ce sous-thème ».

Vous devez aussi assimiler la méthodologie. Le présent itinéraire méthodologique a cet objectif. Saisissez bien, notamment, la nature différente et complémentaire des deux épreuves : la synthèse et l'écriture personnelle.

Si vous faites régulièrement des fautes d'orthographe, je vous recommande d'écrire une liste de mots difficiles, sur laquelle vous ajouterez, au long de votre année de préparation, les mots sur lesquels vous avez des hésitations (notamment les termes susceptibles de vous venir sous la plume dans un devoir). Relisez régulièrement cette liste : à la longue, votre cerveau photographiera l'orthographe correcte.

3 Le travail au brouillon

Lisez très attentivement le sujet et repérez bien toutes ses implications. Si l'intitulé comprend la conjonction « et », analysez les significations possibles de cette articulation. Par exemple : « La maison et l'hospitalité ». Traiter isolément chacun des deux termes aboutirait à un hors sujet ! Examinez plutôt les relations entre les deux thèmes énoncés.

Commencez par dresser la liste des références mobilisables sur le sujet : romans, pièces de théâtre, poésies, essais, films, tableaux, etc.

Vous pouvez vous appuyer sur le corpus donné pour la synthèse mais tenez-vous en à un emprunt, deux au plus : au-delà, vous passeriez pour un candidat n'ayant pas accumulé de culture personnelle sur le thème au long de sa préparation !

Ensuite, formulez des réflexions répondant à l'intitulé du sujet. Vous pouvez naturellement réinvestir des idées découvertes en cours ou contenues dans la partie « études » de ce manuel.

Élaborez alors votre plan. Divisez en deux ou trois sous-thèmes les réflexions que vous avez notées et les références auxquelles vous avez pensé. Quelques « plans type » peuvent vous inspirer pour chercher le vôtre mais attention, il faut toujours bien adapter votre structure au sujet : le plan dialectique (thèse, antithèse, synthèse), le plan logique (constat, cause, conséquence), le plan thématique.

Il vous reste alors à sélectionner vos références. Une erreur courante consiste à utiliser toutes les références dont on se souvient, même si on en a listé plus d'une dizaine. Mieux vaut s'en tenir à une ou deux références par partie (trois au maximum) mais bien les développer : montrer pour chacune en quoi elle est au service de l'idée de votre partie et dans le thème du sujet. Sinon, vous vous exposez à cet écueil que les correcteurs appellent « l'effet catalogue ». Choisissez donc quelques références par partie et barrez impitoyablement les autres.

Il en va de même pour vos idées : ne cherchez pas à toutes les utiliser. Barrez celles qui ne correspondent pas tout à fait à l'esprit de votre plan.

L'introduction de l'écriture personnelle est plus courte que celle de la synthèse. Vous pouvez la débuter par une accroche : un proverbe, un fait d'actualité, une évidence (évitez les grands clichés toutefois, notamment la tournure « De tout temps les êtres humains ont… » qui a lassé des générations de correcteurs). Puis, amenez naturellement le thème du sujet et reformulez celui-ci pour montrer que vous vous l'appropriez. Vous terminerez votre introduction par la présentation de votre plan.

Pour chaque partie, commencez par annoncer clairement l'idée de la partie (qui correspond à une sous-idée du sujet). Ensuite, développez un argument sur ce thème. Puis, vous pouvez appuyer cet argument à l'aide d'une référence littéraire, philosophique, cinématographique ou autre. Pensez à développer votre référence pour bien montrer en quoi elle est au service de l'idée de votre partie et comment elle s'intègre dans le sujet. Vous pouvez continuer par un ou deux autres arguments, toujours au service de l'idée de la partie, en vous appuyant éventuellement sur des références.

Votre développement sera divisé en deux ou trois parties. Ne cherchez pas à faire des sous-parties dans l'écriture personnelle, vous risqueriez de manquer de temps et ce n'est pas attendu. Inutile également de formuler des transitions : elles ne sont impératives que dans la synthèse.

Travaillez les liens logiques que vous utilisez. Servez-vous à bon escient des connecteurs : « ainsi » pour introduire un exemple, « donc » pour une conséquence, « certes » pour une concession, « en revanche » pour une opposition. L'articulation des liens logiques est l'une des clefs d'un raisonnement rigoureux et il est difficilement pardonnable, par exemple, pour un candidat de niveau bac + 2 de confondre cause et conséquence.

Votre conclusion débutera, comme celle de la synthèse, par un résumé des étapes du devoir : « Nous avons donc vu que… » Puis, vous apporterez votre réponse claire et définitive à la question du sujet : « A la question posée, nous répondrons donc finalement… » Enfin, vous pouvez ouvrir sur un sujet proche (si vous avez une idée pour cela : cette touche finale n'est pas obligatoire).

Gérez rigoureusement votre temps. Pour cela, il est impératif d'avoir une montre. Attention, durant l'examen si vous regardez votre téléphone portable (ou une montre connectée), vous risquez d'être éliminé(e) de l'épreuve et de devoir répondre d'une tentative de triche ! Divisez le temps imparti d'une manière réaliste. En moyenne, les candidats utilisent 2 heures 30 pour la synthèse et 1 heure 30 pour l'écriture personnelle. Adaptez selon vos besoins mais gardez au moins une heure pour cette seconde épreuve.

Conservez une dizaine de minutes pour vous relire en vérifiant l'orthographe, la grammaire, la conjugaison et la ponctuation. Un dernier conseil : évitez d'abuser des points de suspension, c'est une maladresse. Ne les utilisez que si, vraiment, vous voulez souligner que l'énumération est beaucoup plus longue en réalité, ne donnez pas l'impression d'avoir eu la « flemme » d'être précis.

Exemple d'écriture personnelle

Sujet : Est-on coupable d'être casanier ?

Accroche (fait d'actualité, proverbe, citation…) qui permet d'amener avec naturel le thème du devoir.

« Tu ne veux pas prendre un peu l'air ? », s'entendent souvent dire les personnes qui aiment passer leur journée à la maison. Tout se passe, en effet, comme si demeurer longuement dans son habitation était une attitude coupable. Envers qui ? Envers quoi ? Par rapport aux autres que l'on se devrait de fréquenter ? Eu égard à l'économie à laquelle nous serions appelés à participer ? Du fait de notre santé, dans une optique hygiéniste ?

On reformule le sujet pour montrer qu'on l'a compris, qu'on le « prend en main ».

Devrait-on vraiment ressentir de la culpabilité envers les autres, voire envers soi-même, de trop aimer son habitation ?

Annonce claire de notre plan.

Nous verrons tout d'abord que certes, de nombreuses dimensions de l'existence nous invitent à sortir de notre tanière. Puis, nous établirons que la maison demeure, cependant, un lieu structurant fondamental pour notre équilibre et notre créativité. Enfin, nous montrerons que selon les phases de notre vie, nous pouvons être amenés à alterner des périodes où nous nous construisons davantage intérieurement et des temps de plus grande ouverture.

****

Annonce du thème de la première partie.

Tout comme la vocation des marins n'est pas de rester au port, le sens de la vie semble nous inviter à aller vers les autres, à explorer, à réaliser, à connaître des aventures. Ne dit-on pas qu'il faut savoir sortir de sa zone de confort ? Et notre maison n'est-elle pas notre zone de confort par excellence ? Dans le cadre de la pandémie de Covid 19 en 2020 et en 2021, certains ont eu des difficultés à sortir des confinements et on a pu parler à leur sujet d'un « syndrome de la cabane ». Pour les personnes concernées, le retour à la vie extérieure (sociale et professionnelle) s'est avéré très difficile.

On développe des arguments personnels.

Par ailleurs, on le sait, les hommes et les femmes qui se retrouvent seuls dans leur habitation, n'ayant pas de relation (amicales, familiales, sentimentales), s'exposent à des risques aggravés de dépression et d'angoisse. Nous pensons ici, par exemple, au phénomène des hikikomoris, ces jeunes qui ne trouvent plus la force d'affronter le monde extérieur et dont on sait qu'ils connaissent de grandes souffrances. Dans les cas extrêmes, la solitude peut même contribuer à des formes de folies.

Parmi les références on pense aux films, en citant de préférence les réalisateurs.

Ainsi dans le film « Le Locataire » (sorti en 1976), Polanski présente un jeune homme vivant seul dans un appartement, victime de terribles hallucinations.

****

Annonce du thème de la deuxième partie. Pas de transition exigée dans la synthèse.

Cependant, beaucoup de personnes choisissent d'être casanières et semblent ne pas s'en porter plus mal.

On s'appuie sur des références : romans, essais, tableaux ou autres œuvres artistiques, montrant que l'on a acquis une « culture générale » sur le thème au programme.

Mona Cholet, dans son essai *Chez soi. Une odyssée de l'espace domestique,* confie son goût particulier pour les petits espaces confortables et elle ose le néologisme de « claustrophilie ». L'intimité que nous confère la maison en fait, par ailleurs, le lieu privilégié du rêve et de l'imagination. Nous songeons ici au poème « Les Amis inconnus » de Jules Supervieille : « Tout ce qui fait les bois, les rivières ou l'air a place entre ces murs qui croient fermer ma chambre. Accourez, cavaliez qui traversez les mers… »

On développe des arguments personnels.

Enfin, le cloisonnement de notre habitation en fait un lieu propice à la spiritualité ; le yoga, la méditation, ou la prière pour les plus religieux d'entre nous y trouvent leur place tout naturellement. Mentionnons ici les peintures intimistes de Vilhelm Hammershoi, telle « La Danse de la poussière dans les rayons du soleil » où les jeux de lumière provenant d'une fenêtre donnant sur une cour évoquent puissamment l'intériorité.

****

Annonce du thème de la troisième partie. Attention : ensuite toute la partie doit bien correspondre à ce thème annoncé, jusqu'à la dernière phrase.

Le goût pour la maison et celui pour le mouvement peuvent aussi se succéder, voire cohabiter. Nous pensons ici au célèbre poème de Joachim du Bellay : « Heureux qui comme Ulysse a fait un beau voyage [...] Et puis est retourné plein d'usage et de raison... ».

On ne se contente pas de citer une référence : on explique bien en quoi elle est au service de l'idée correspondant à notre partie.

En effet, quoi de plus merveilleux que de découvrir, d'explorer, de rencontrer, de vivre des aventures puis de profiter du repos et de l'intériorisation dans sa maison ? Chez les écrivains, c'est souvent cette discipline qui permet de faire œuvre. Considérons, par exemple, Marcel Proust, qui passa, notamment du fait de son asthme, une enfance assez casanière à dévorer les livres. Il eut ensuite, dans sa jeunesse, une période où il sortit beaucoup, fréquentant les salons du « beau monde ».

On garde l'exemple le plus percutant pour la fin de la partie.

À partir de l'âge de 36 ans, il se calfeutra dans son appartement du boulevard Haussmann, souffrant par ailleurs d'importants problèmes de santé. S'inspirant de son enfance et de son ancienne vie mondaine, il rédigea La Recherche du Temps perdu, œuvre au style magistrale, riche en pensées subtiles, qu'il appela sa cathédrale.

****

Pour conclure, on peut résumer le cheminement du devoir (en utilisant des synonymes pour éviter les répétitions avec l'annonce du plan et les thèmes présentés au début de chaque partie).

Nous avons donc vu que si de nombreuses quêtes possibles nous appellent à bouger, à aller de l'avant, à sortir, beaucoup de casaniers ne paraissent pas malheureux pour autant et peuvent même, à leur façon, contribuer à la société. Finalement, notre attitude par rapport à notre habitation dépend sans doute de notre caractère et de notre objectif de vie.

On répond clairement à la question du sujet.

À la question posée nous répondrons donc finalement : non, il n'y a pas à se sentir coupable d'être casanier. Le cloisonnement peut correspondre à une période de la vie et même, si certains préfèrent cultiver longuement leur intériorité, cette attitude est tout à fait respectable.

On élargit avec une idée qui est en lien avec le sujet sans être directement dans le sujet (passage non obligatoire).

Terminons en mentionnant que la maison est aussi le lieu de l'hospitalité : donc un espace d'ouverture en elle-même.